JN323897

令和６年３月

御購読者　各位

東京法令出版株式会社

『ヴィジュアル法学　事例で学ぶ刑法』
補　　遺

「刑法及び刑事訴訟法の一部を改正する法律」（令和５年法律第 66 号）により、性犯罪の改正がなされるとともに、公訴時効期間が延長されました。

つきましては、下記の該当箇所を読み替えてご使用いただきますよう、お願い申し上げます。また、改正前の罪名についても、時効期間と併せて整理しましたので、ご活用ください。

●P13　上段６行目　①中、「強制わいせつ」を「不同意わいせつ」に、「強制性交等」を「不同意性交等」に修正。「準強制わいせつ及び準強制性交等、」を削除。「強制わいせつ等致死傷」を「不同意わいせつ等致死傷」に修正。

●P13　上段⑥中、「強盗・強制性交等」を「強盗・不同意性交等」に２箇所修正。

●P41　上段７行目の「強制わいせつ等致死傷（刑法 181 条）」を「不同意わいせつ等致死傷（刑法 181 条）」に修正。

●P70　下段 12 行目の「強制性交等」を「不同意性交等」に修正。

●Ｐ168　下段５～６行目中の「強制性交等」を「不同意性交等」に３箇所修正。

Police Visual Series

ヴィジュアル法学

事例で学ぶ 刑法 新装版

刑事法令研究会＝編
高橋はるまさ＝作画

東京法令出版

はしがき

警察官が第一線で適用する各種の刑罰法規のうち、最も身近でポピュラーなものが刑法です。そして、刑法は、他の刑罰法規を解釈・運用するうえでの基本となる面ももっていることから、警察官にとって、刑法を理解し、マスターすることは、極めて重要なことです。

刑法を正しく理解するためには、ただ単に、刑法の各条文を読んでさえいればよいというものではありません。刑法の基本原理や、条文そのものには書かれていない解釈、これに対する学説・判例の態度など、幅広く理解しておかなければなりません。そうでないと、実際に事に臨んだ場合に、的確な対応ができません。いくら条文を暗記していても、現場で、具体的事例が何罪に当たるのかが判断できなければ、警察官として刑法の勉強をしたことにはならないのです。

ところが、刑法の解説書の多くは、その性格上、堅苦しい内容のもので、とても気軽に読んでみようという気持ちにはなりにくいというのが実情です。

そこで、今回、だれでも気軽に手にとって読むことができるようにと、漫画を取り入れた親しみ易い本書を作ってみました。内容的にも、警察官が仕事を進めるうえで、最低限知っていなければならない基礎的な知識に絞り、一テーマを短時間で読み切れるように工夫しています。

参考書を読むというより、週刊誌を見るようなつもりで、いつも身近に置いて、開いてもらえばよいと思います。

本書で、自分の基礎的知識を確認し、さらに足りない部分を肉付けして万全なものとし、実務に、また昇任試験に生かしてもらえれば幸いです。

平成四年六月

刑事法令研究会

目次

第二章　刑法各論

第1章

刑法総論

1　国内犯・国外犯

不動産業を営む柳田は、事業拡大に失敗したため、多額の負債を抱えることになった。
銀行融資も受けられなくなり資金繰りに窮していたことから、自社の営業マンである丸山に、自己を受取人とする多額の生命保険を掛け、秘かに丸山を殺害して保険金を受け取り、事業資金に充当することを企てた。
エッー！ハワイですか、是非ご一緒させてください。
柳田は国内で殺害すると、真相がバレる可能性もあると思い、丸山をハワイに誘い、計画を実行した。

キーポイント

① 刑法の場所的適用範囲
② 国民の国外犯
③ 国民以外の者の国外犯

刑法の場所的適用範囲

刑法の適用範囲、すなわち、どの場所で、どのような人が刑法に触れる行為をした場合に、刑罰権を行使することができるかの場所的適用範囲については、属地主義・属人主義・保護主義の三つの考え方がある。

○ 属地主義

自国の領土内で行われた犯罪には、犯人の国籍を問わず、自国の刑法を適用するという考え方で、我が国の刑法は、原則として属地主義を採っている。

すなわち、刑法第一条第一項は、「この法律は、日本国内において罪を犯したすべての者に適用する。」と定めており、日本国内の領土、領海及び領空内で犯されたすべての犯罪に対しては、行為者の国籍、被害法益のいかんを問わず、我が国の刑法が適用されるのである。

また、同条第二項は、「日本国外にある日本船舶又は日本航空機内において罪を犯した者についても、前項と同様とする。」と定め、国外であっても日本国籍の船舶、航空機内で行われた犯罪については、我が国の刑法が適用されるとしている。

ところで、ここにいう国内で犯された犯罪というのは、犯罪地が日本国内にある国内犯を意味するが、これは犯罪行為のすべてが日本国内にある場合に限らず、犯罪構成要件に該当する事実の一部が国内にあれば足りるとされている。

例えば、国内で時限発火装置を仕掛けて国外で発火させる場合のように、実行行為が国外でなされて、結果が国内で発生しても、また、外国で使用する目的で偽造通貨を作出させた場合のように、行為の目的が外国にあったとしても、それは国内犯であるとされているのである。

○ 属人主義

自国の国民に対しては、犯罪地が国内か国外かを問わず、自国の刑法を適用するという考え方である。

刑法第三条は、日本国民が国外で比較的重要な一定の罪を犯した場合には、国民の国外犯として刑法を適用することとしている。

○ 保護主義

自国又は自国民の利益を害する犯罪については、犯人の国籍を問わず、また犯罪地の内外を問わず、自国の刑法を適用するという考え方である。

刑法第二条は、犯人の国籍を問わず、国外において我が国の重要な法益を侵害する一定の罪を犯した場合には、国外犯として我が国の刑法を適用することとしている。

また、刑法第四条は、日本国の公務員が、国外で公務員の職務犯罪を犯した場合には、公務員の国外犯として刑法を適用することとしている。

国民の国外犯

刑法第三条は、日本国民が国外で、放火、殺人、窃盗などの比較的重要な一定の罪（同条一号〜一七号）を犯した場合には我が国の刑法が適用されると定め、属人主義を規定している。

日本国民とは、日本国籍を有する者をいい、同時に外国の国籍を有する二重国籍者であってもよい。これは犯罪時に日本国民であればよく、訴追時に外国国民となっても、我が国の刑法が適用される。

国民以外の者の国外犯

交通の発達により国際的な人の移動が日常化し、日本国外において日本国民が犯罪の被害に遭う機会が増加している状況等にかんがみ、日本国外における日本国民の保護の観点から、日本国民が殺人等の生命・身体等に対する一定の重大な犯罪の被害を受けた場合における国外犯の処罰規定を整備する必要が生じた。このようなことから刑法の一部を改正する法律が公布（平成一五年七月一八日）され、刑法第三条の次に一条（国民以外の者の国外犯）が加えられた。

第三条の二は、日本国外において日本国民に対して次の罪を犯した日本国民以外の者に適用される。

① 強制わいせつ、強制性交等、準強制わいせつ及び準強制性交等、監護者わいせつ及び監護者性交等、未遂罪、強制わいせつ等致死傷（第一七六条から第一八一条までの罪）

② 殺人（第一九九条の罪）及び未遂罪

③ 傷害、傷害致死（第二〇四条及び第二〇五条の罪）

④ 逮捕及び監禁、逮捕等致死傷（第二二〇条及び第二二一条の罪）

⑤ 未成年者略取及び誘拐、営利目的等略取及び誘拐、身の代金目的略取等、所在国外移送目的略取及び誘拐、人身売買、被略取者等所在国外移送、被略取者引渡し等、未遂罪（第二二四条から第二二八条までの罪）

⑥ 強盗、事後強盗、昏酔強盗、強盗致死傷、強盗・強制性交等及び同致死（第二三六条、第二三八条から第二四〇条まで並びに第二四一条第一項及び第三項の罪）並びにこれらの罪の未遂罪（強盗・強制性交等を除く。）

事例の検討

事例における柳田は、ハワイ（アメリカ国内）という日本国外で丸山を殺害した。

しかしながら、刑法第三条第七号において殺人罪については、日本国民が国外において犯した場合においても、国民の国外犯として刑法を適用することとしているので、柳田は、当然に我が国の刑法の適用を受けることになる。

2 正当行為

プロボクサーの清水は日本ミドル級第1位のボクサーである。

4月10日、清水は同級チャンピオンの林とタイトルマッチを行った。

試合中、林は、清水のカウンター気味のアッパーカットをあごに受けダウンした。

林は起き上がれず、清水のKO勝ちで試合は終了した。

ところが林は、ダウンの際、後頭部の打ち所が悪く、試合終了の3時間後に脳挫傷のため死亡した。

キーポイント
① 正当行為とは何か
② 正当行為の類型

正当行為

犯罪は、構成要件に該当する違法、かつ、有責な行為でなければならない。

そして、ある行為が構成要件に該当すると、違法性の推定機能が働き、その行為は、一応違法であると推定される。この違法性の推定機能を破る例外的事情が、違法性阻却事由である。違法性阻却事由が存在すれば、構成要件に該当する行為であっても違法性が否定される。

刑法は、第三五条以下に典型的な違法性阻却事由をかかげており、刑法第三五条は、「法令又は正当な業務による行為は、罰しない。」と定め、一般正当行為を規定している。

正当行為の類型

正当行為として、次のような根拠に基づくものがある。

(1) 法令行為

法令（法律・命令・条例・規則等）に基づいて行われる行為は違法性がない（刑法三五条前段）。

法令行為には次の三つの類型がある。

○ 法令の規定上、職権・職務・権利の行使、又は義務の履行として行われる行為

死刑・自由刑の執行（刑法一一条～一三条、一六条）、勾引・勾留・逮捕（刑事訴訟法五八条、六〇条、一九九条、二一三条）、住居内の捜索（刑事訴訟法一〇二条）、検証のための死体の解剖、墳墓の発掘、物の破壊（刑事訴訟法一二九条）、親権者の懲戒行為（民法八二二条）、教員の懲戒行為（学校教育法一一条）等がこれに当たる。しかし、これらの行為が法令に規定された範囲を逸脱し、又はその方法が相当性を欠くときは、権利の濫用として違法性を帯びることになる。

○ **本来は違法な行為であるが、一定の政策的理由から、法令が特に違法性を解除した行為**

競馬法による勝馬投票券、自転車競技法における勝者投票券、当せん金付証票法による宝くじの発売等がそれである。

○ **法令によって注意的に適法性が明示された行為**

基本的に違法性がない行為の要件の限界を法律で明確にするとともに、その方法、範囲を技術的に制限してその逸脱を防止しようとするもので、母体保護法による人工妊娠中絶等がそれである。

(2) 正当業務行為

正当な業務に基づいて行われる行為は違法性がない(刑法三五条後段)。

これには、法令上正当と認められた業務による行為(例えば、医師法によって免許を受けた医師の手術、はり師、きゅう師の施術など)と、社会通念上相当と認められる行為(例えば、相撲、ボクシング、プロレス等のスポーツなど)とがある。

しかし、その方法を誤ったり、社会通念上是認されている範囲を越えて行われたものは、違法性が阻却されない場合がある。

(3) その他の正当行為

○ **自損行為**

行為者が自ら自己の法益を侵害する自損行為(入墨や指を切ったりする自傷行為)には、原則として違法性がない。

○ **被害者の承諾による行為**

被害者の承諾・同意や推定的承諾に基づく行為は、違法性が阻却される。もちろん、承諾の内容が被害者の個人的法益に属するもので、その真意に承諾したものでなければならないし、その行為は社会通念上是認されるものでなければならない。

○ **治療行為**

治療の目的で、医学上一般に承認されている方法によって人の身体を傷つける治療行為も、通常は行為の違法性を阻却する。

○ **安楽死**

不治の疾病により死に直面して激しい苦痛にあえいでいる者に対し、医学的方法で死期を早めることによって苦痛を除去してやる、いわゆる安楽死については、学説、判例は、次の要件があれば違法性を阻却するとしている（名古屋高判昭37・12・22）。

・病者本人の真剣、かつ、明示の嘱託又は承諾のあること。病者に意識がないときは本人の希望があると一般的に推測できる場合であること。

・病者が不治の病に冒され、しかも、死期が目前に迫っていること。

・病者の肉体的苦痛が甚しく、何人もこれを見るに忍びない程度であること。

・病者の死苦緩和を主目的とすること。

・原則として医師の手によること。

・倫理的に妥当な方法によること。

○ 自救行為

一定の権利を侵害されたものが、公権力の発動を待っていては権利の保全が著しく困難になるときに、被害者自らその救済を図る自救行為について、判例は、自救行為一般の適法性を否定する態度を採っているが、具体的事情によっては自救行為が適法と解される場合があり得ることをうかがわせる判例もある（最判昭30・11・11）。

○ 労働争議行為

憲法第二八条は、勤労者の団結権、団体交渉権、その他の団体行動権を保障していることから、労働者がこの権利の行使として労働争議行為を行う限りは、それが形式的に、威力業務妨害、暴行、傷害、逮捕監禁、住居侵入等の各罪の構成要件に該当するものであっても、原則として違法性を阻却する。

事例の検討

事例におけるプロボクサー清水の行為は、ボクシングというスポーツ行為であり、しかも、タイトル戦という公式戦において、ルールに従って行った正当な行為であることから、対戦相手の林を死に至らしめたとしても、その行為に何ら違法性はなく、犯罪は成立しない。

3　正当防衛

小料理
真砂
会社員の大山は、馴染みの小料理屋「真砂」で酒を飲んでいたが、カウンターで飲んでいた一見暴力団風の片山と目が合ったことから
テメェー、ガンをつけたな！落とし前をつけてもらおうか…
ガンをつけた覚えはない！
ナメんじゃねえぞ！
大山は、このままでは殺されてしまうと危険を感じ、自己の生命を守るために、ビールびんを持って男と対峙し、片山があいくちで突きかかってきたのをよけー
ビールびんで片山の顔面を殴り、全治1か月の重傷を負わせた。

キーポイント

① 正当防衛の要件
② 誤想防衛とは何か
③ 過剰防衛とは何か
④ 盗犯等防止法と正当防衛

正当防衛の要件

刑法第三六条第一項は、「急迫不正の侵害に対して、自己又は他人の権利を防衛するため、やむを得ずにした行為は、罰しない。」と定め、人間の自然的な自己防衛本能たる正当防衛について規定している。正当防衛は、緊急避難とともに「緊急行為」に属し、違法性阻却事由の一つである。

例えば、人から殺されそうになった緊急事態において、自分の生命を守るためにやむを得ず反撃して相手を殺したような場合である。

正当防衛が認められるためには、次の要件が必要である。

○ 急迫不正の侵害があること

急迫とは、法益侵害の危険が目前にさし迫っていることをいうが、必ずしも被害の現在性を要しない。過去の侵害は、不正な侵害行為がすでに終了し、しかもそれがもはや継続しておらず、急迫とはいえないから正当防衛は認められない。また、将来予期されるに過ぎない未来の侵害に対しても原則として正当防衛はあり得ない。

不正とは、違法と同意義である。すなわち、法益侵害は違法なものでなければならない。正当防衛は「不正対正」の関係であり、適法な侵害行為に対しては正当防衛は認められない。侵害行為は違法であれば足り、有責であることを要しないから、責任無能力者の侵害に対しても正当防衛はあり得る。

侵害とは、他人の権利に対して実害又は危険を与える行為であり、故意、過失、作為、不作為を問わない。動物の襲撃に対するいわゆる対物防衛は、正当防衛そのものではないが、それに準ずる違法性阻却事由と解されている。

また、急迫不正の侵害が被侵害者の挑発によって誘発される、いわゆる目的ある挑発であったときは、この挑発に誘発された相手方の急迫不正の侵害に反撃する行為は権利の濫用であって、正当防衛にはなり得ない。

○ **自己又は他人の権利を防衛するための行為をすること**

他人とは、自然人のほか、法人その他の団体を含み、社会的法益や国家的法益のためにする私人の正当防衛も認められる。

防衛するためとは、正当防衛には防衛の意思を必要とするということである。防衛の意思は積極的なものであることは要しないが、行為が防衛目的にかなうものでなければならない。

○ **やむを得ないで行った行為であること**

防衛行為の相当性が必要であることを意味する。すなわち、侵害者と防衛者の年齢・性別・体力の関係、侵害行為と防衛行為の種類・程度、事態の緩急度その他の具体的事情や、さらには法益の権衡をも考慮して客観的見地から社会通念に照らして判断したときに、当然性・妥当性をもつと認められる防衛行為でなければ正当防衛にならない（最判昭24・8・18）。

しかし、防衛行為の相当性は、緊急避難のそれとは異なり、その防衛行為が権利保全のための唯一の方法であったこと（補充の原則）、防衛しようとした法益が侵害された法益よりも価値の大きいものであったこと（法益権衡の原則）は必ずしも必要ではない。

誤想防衛

急迫不正の侵害がないのに、あると誤認、錯覚して防衛行為をした場合をいう。

誤想防衛は、正当防衛ではないから違法性は阻却されない。

しかし、事実の錯誤の一つであるから、防衛として行われた行為について故意犯の成立を認めることはできず、ただ誤信したことについて過失があるときは、過失犯を罰する規定があるときに限ってその行為につき、過失犯の成立が認められることになる。

過剰防衛

刑法第三六条第二項は、「防衛の程度を超えた行為は、情状により、その刑を減軽し、又は免除することができる。」と定め、過剰防衛について規定している。

過剰防衛とは、正当防衛として、必要、かつ、相当の限度を超えたものをいい、言い換えれば、急迫不正の侵害は存在するが、これに対する防衛の程度が超えた場合である。

例えば、素手の攻撃に対し、ナイフで刺殺した場合等があげられる。

過剰防衛行為は、情状においてその刑を減軽又は免除されることがある。

盗犯等防止法と正当防衛

盗犯等ノ防止及処分ニ関スル法律は、刑法における正当防衛の要件に対する重大な特則を設けている。

すなわち、同法第一条第一項は、①盗犯を防止し、又は盗贓を取還しようとするとき、②凶器を携帯し、又は門戸牆壁等を踰越損壊し、若しくは鎖鑰を開いて人の住居又は人の看守する邸宅、建造物、船舶に侵入する者を防止しようとするとき、③故なく人の住居又は人の看守する邸宅、建造物、船舶に侵入した者、又は要求を受けてこれらの場所から退去しない者を排斥しようとするとき、の三つのうちいずれかの場合に、「自己又は他人の生命、身体、貞操に対する現在の危険を排斥するために犯人を殺傷した行為」は、正当防衛そのものとして違法性を阻却することとしている。

事例の検討

事例における大山の防衛行為は、片山の不正な侵害から、自己の生命を防衛するために、あいくちに対し、ビールびんで立ち向い、防衛の意思をもって片山に傷害を与えたものであるが、防衛行為の相当性が認められることから、大山の行為は正当防衛に当たる。

4　緊急避難

会社員の良子は深夜、街灯のない暗い道を帰宅途中――

ウッ!?

良子は、このままでは乱暴されるかもしれないと、身の危険を感じ
騒ぐと殺すぞ!!

言うとおりにするから、乱暴にしないで…

ニヤ
良子はこの危難から身を守るためにやむを得ず、近くの家の門扉を体当たりで壊し、家の中へ飛び込んだ。

助けてください!

あっ、このヤロー!!

キーポイント

① 緊急避難の要件
② 緊急避難と正当防衛の差異
③ 誤想避難、過剰避難とは何か
④ 業務上の特別義務者と緊急避難

緊急避難の要件

刑法第三七条第一項本文は、「自己又は他人の生命、身体、自由又は財産に対する現在の危難を避けるため、やむを得ずにした行為は、これによって生じた害が避けようとした害の程度を超えなかった場合に限り、罰しない。」と定めている。

すなわち、緊急避難とは「自己又は他人の生命、身体、自由、財産に対する現在の危難を避けるため、やむを得ないで行った行為」が、「その行為より生じた害が、その避けようとした害の程度を超えなかった」場合をいう。

例えば、自動車に轢かれるのを避けようとして、他人を突き飛ばして負傷させたような場合である。

刑法は緊急避難を不可罰と規定しているが、その理由は、違法性がないから処罰されない（違法阻却説）と解され、次の要件のある場合に認められる。

○　**自己又は他人の生命、身体、自由、財産に対する現在の危難があること**

危難を被る法益は、法文に掲げられている生命、身体、自由、財産に限らず、名誉や貞操も含まれ、他人の法益でもよい。

また、現在の危難は、法益侵害の危険が目前に切迫している緊急状態をいう。「危難」とは、法益に対する実害又は危険の状態をいい、それは、人の行為によるものに限られず、自然現象（例えば、大雨、洪水、船の難破等）、あるいは動物の動作によるものであってもよい。

○　**危難を避けるためにやむを得ないで行った行為であること**

避難の行為は、危難を避けるためのものであるから、正当防衛における防衛の意思と同じく、避難の意思で行われることを要する。

「やむを得ないで行った」とは、その避難行為がその危難を避けるための唯一の方法であって、他にとるべき方法がなかったことを意味する（補充の原則）。

唯一の方法であったかどうかは、客観的に条理上から判断されなければならない。

○　**避難行為により生じた害がその避けようとした害の程度を超えなかったこと**

緊急避難は、避難行為によって侵害した法益と侵害を免かれた法益とが権衡を保っていることが必要である（法益権衡の原則）。

すなわち、価値の大きい法益を救うために価値の小さい法益を犠牲にすること、及び同じ価値の法益の一方を救うために他方を犠牲にすることは許されるが、価値の小さい法益を救うために価値の大きい法益を犠牲にすることは許されない。

緊急避難と正当防衛の差異

正当防衛と緊急避難は、緊急状態における行為の違法性を排除する点では同じであるが、次のような差異がある。

①　正当防衛は不正の侵害に対する反撃であり、不正侵害者と防衛者とは「正対不正」の関係にあるが、緊急避難は危難を避ける者から善意の第三者に向けてなされる侵害が通常であり、「正対正」の関係にある。

②　正当防衛の範囲は比較的緩やかに認められるが、緊急避難については「補充の原則」と「法益権衡の原則」が要求され、正当防衛よりも要件が厳格である。

③　正当防衛の防衛者には、防衛行為の結果として発生した事態に対する民事的な損害賠償義務は生じないが、緊急避難では避難者は避難行為によって第三者に転嫁された損害を賠償しなければならない。

誤想避難、過剰避難

(1)　誤想避難

現在の危難がないのにそれがあるものと誤認、錯覚して、避難行為をした場合をいう。

違法性は阻却されないが、事実の錯誤の一態様であるから、故意は認められず、過失犯の成否が問われる。

(2) 過剰避難

現在の危難を避けるための行為が「避難の程度を超えた」場合をいう。

違法性は阻却されないが、責任が軽い場合には情状によりその刑が減軽又は免除されることがある（刑法三七条一項但書）。

業務上の特別義務者と緊急避難

緊急避難は、業務上特別の義務のある者には適用されない（刑法三七条二項）。

警察官、消防官、自衛官、船員等のように業務の性質上一定の危険に身をさらさなければならない者は、緊急状態が発生したからといって、緊急避難を理由に第三者の利益を犠牲にすることは許されない。

しかし、これらの特別義務者はいかなる場合でも緊急避難が許されないと解すべきではない。他人の法益に対する危難を避けるために、それよりも小さい法益を侵害する行為（例えば、消防官が類焼を免れさせるため、火災中の家屋に隣接した他家の塀を倒壊させる行為）、又は自己の重大な法益のための非難行為(例えば、火事場で煙に巻かれた消防官が、まだ燃えていない塀を壊して逃げる行為）は、緊急避難として違法性が阻却される。

事例の検討

事例における良子の行為は、器物損壊罪と住居侵入罪の構成要件に該当するが、違法性がなく、緊急避難が成立する。

すなわち、暴行を受け性交させられる危機に直面した良子は、やむを得ず付近の他人の家に、門扉を壊して飛び込んだものであるが、これは、貞操という法益を救うために、それよりも価値の小さい門扉の損壊や、住居の平穏を害することが許されるからである。

5 故意

ここはウチの縄張《シマ》だ。出てってもらおう。

暴力団東京組の組員山崎は、対立関係にあった暴力団横浜組の組員大島が、スナックの経営者に用心棒代を要求しに来たものと思い、話をつけようと大島を店外に連れ出し、持っていたあいくちで――

いいか！二度と足を踏み入れるな！

しかし、大島がひるまず罵倒したので
この野郎！息の根を止めたろか！

大島が死ぬなら死んでもかまわないと思った山崎は――

大島の腹部を2回刺し、出血多量で死亡させた。

キーポイント

① 故意の意義
② 故意の種類

故意の意義

刑法第三八条第一項は、「罪を犯す意思がない行為は、罰しない。ただし、法律に特別の規定がある場合は、この限りでない。」と定めている。

これは「罪を犯す意思」、すなわち故意のない行為は、原則として処罰されないことを明らかにしたものである。

故意は構成要件の主観的要素であり、犯罪事実を認識し、これを実現しようとする意思をいい、違法性の認識を含まない。故意の本質については、行為者が結果の発生を意欲、希望したことまでは必要でないが、単に表象、認識しただけでは足らず、少なくとも認容したことを必要とし、それで十分であると解されている（認容説）。

また、故意の基礎となる構成要件該当事実の認識の中には、この事実の意味内容の認識が含まれる。つまり、故意が成立するには意味の認識も必要であるということである。

例えば、わいせつ物頒布等罪（刑法一七五条）が成立するためには、行為者において頒布の客体たる文書、図画、電磁的記録に係る記録媒体等が「わいせつ」であることを認識して頒布等をしなければならない。

なお、結果的加重犯については、重い加重的結果について故意を要せず、しかも故意がない場合に限って成立する。

故意の種類

(1) 確定的故意

構成要件該当事実、ことに結果の発生を確実なものとして意欲した場合である。

(2) 不確定的故意

構成要件該当事実、ことに結果の発生を不確実ながら認識、認容した場合で、次の三つに区分される。

○ **概括的故意**

結果の発生を認識、認容していたが、一定の範囲内のいずれの客体に結果が発生するかが不確実である場合をいう。

例えば、群衆の中の誰かを殺傷するつもりで、群衆の中に爆発物を投げ込むような場合である。

○ **択一的故意**

結果の発生を認識、認容し、しかも数個の客体のいずれかについて発生することを確実なものとしていたが、そのいずれであるかが不確実である場合をいう。

例えば、AかBの二人のうちのどちらか一人を殺害する意思で発砲したような場合である。

○ **未必の故意**

結果の発生を確実なものとして意欲はしなかったが、それが可能なものとして認識し、しかも認容した場合をいう。

相手が死ぬかもしれないが、死んでもかまわないと考えて刺すような場合である。

未必の故意は、認識ある過失と境界を接し、その区別が問題とされる。結果発生の可能性の認識があった点では同じであるが、認識した結果発生の可能性をあえて認容したかどうかにより区別することができる。

例えば、車を運転して歩行者のそばをすり抜けようとしたところ、これを轢き殺してしまった。この場合、「うまくすれば、すり抜けられるが、もし轢き殺せば殺してもかまわない」と思っていたとすれば、未必の故意となり、「轢き殺しては大変だ。しかし、運転には自信があるから、絶対に大丈夫だ」と思っていたとすれば、認識ある過失にとどまる。

事例の検討

事例における山崎は、大島が死ぬという結果の発生を確定的なものとして意欲しなかったが、「死ぬなら死んでもかまわない」と、結果の発生を可能なものとして表象し、しかもこれを認容したものであり、未必の故意があったといえる。

6 過失

狩猟期の山中において、狩猟好きの竹内は、イノシシを狙って猟銃を構えたところ——
!!
獲物の後方30mのところに山菜採りをしている男を発見した。
このまま発砲すると、大事に至るかも知れない…
いや、大丈夫。腕には自信がある!!
案に相違して男に命中、男は即死した。

キーポイント

① 過失の意義と要件
② 過失の種類

過失の意義と要件

過失とは、不注意によって犯罪事実の認識ないし認容を欠いたことである。故意のない行為が不注意によるものであるときに構成要件の主観的要素としての過失、すなわち構成要件的過失が認められる。しかし、過失犯が処罰されるのは、過失による行為を刑罰法規が構成要件として特別に規定している場合に限られる。

過失の要件は、次のとおりである。

○ 構成要件に該当する客観的事実を認識・認容しなかったこと。

○ 犯罪事実を認識・認容しなかったことが行為者の不注意に基づくものであったこと。

不注意とは、注意義務に違反することであり、行為者が注意義務に違反したために犯罪事実を認識・認容しないで行為をしたときに過失があることになる。

注意義務の内容は、まず第一にその具体的事情のもとにおいて結果の発生を認識・予見しなければならない義務（結果予見義務）であり、第二にはこの認識・予見に従って結果の発生を防止するための必要適切な行為（作為・不作為）をしなければならない義務（結果回避義務）である。もし行為者の置かれたと同じ具体的事情のもとで、一般通常人としても、行為者と同様にやはり結果の発生を認識・予見することができなかったであろうと認められる場合、あるいは行為者と同様にやはり結果の発生を防止するための必要適切な行為をすることができなかったであろうと認められる場合には、結果を予見し回避する注意義務ははじめから存在せず、そこには注意義務違反が認められないから、構成要件的に過失犯は成立しない。

過失の種類

(1) 認識のない過失と認識のある過失

認識のない過失とは、犯罪事実の認識を全く欠いた場合であり、認識のある過失とは、犯罪事実の認識はあったが、その認容を欠いた場合である。構成要件上、過失というときはこの両者を含み、両者は構成要件上区別されていないし、法律上の取扱いを異にしない。

例えば「相手が死ぬかもしれない。しかし、死ぬことはあるまい」と考えて、死の結果発生の可能性を認容しなかった場合は認識のある過失であるが、「相手が死ぬかもしれない。しかし、死ぬなら死んでもかまわない」と考えて、死の結果発生の可能性を認容した場合にはもはや過失ではなく、未必の故意である。

(2) 重過失

重過失とは、わずかの注意を払うことによって結果の発生を容易に予見してこれを回避することができたのに、これを予見又は回避しなかった場合である。重過失が構成要件に類型化されている場合としては、重過失失火(刑法一一七条の二後段)、重過失傷害、重過失致死（刑法二一一条後段）などがある。

(3) 業務上過失

一定の危険業務を継続反復して行う者が、その業務上必要とされる注意義務を怠った場合をいう。

ここにいう「業務」とは、人が社会生活上の地位に基づき反復継続して行う行為であって、かつ、他人の生命・身体等に危害を与えるおそれがあるものをいい（最判昭33・4・18）、必ずしも収入を得るための職業や営利を目的とする営業として行われる必要はない（東京高判昭35・12・12）とされている。

業務上過失が構成要件に類型化されている場合としては、業務上失火(刑法一一七条の二前段)、業務上過失傷害、業務上過失致死（刑法二一一条前段）などがある。業務上過失が重く処罰されるのは、業務者に対する社会の信頼を裏切った点で非業務者の場合よりも違法性が一層大きいからである。

事例の検討

事例における竹内は、山菜採りの男の死という結果の発生を可能なものとして表象したが、不注意によりこれを認容しなかった「認識ある過失」に該当し、過失致死罪の刑責を問われることとなる。

7 錯誤

以前から対立関係にあった暴力団神戸組の組員小川に公衆の面前で罵倒されて腹を立てた伊藤は——

あの野郎は大阪組の組員だが、スケコマシ専門の腰抜けなんだ！

小川を殺してやろうと考えた。

小川がマンションの自室に帰るためエレベーターを待っていたところ
死ねっ!!

弾丸は小川には当たらず、マンションの住人内田に命中し、内田は即死した。

キーポイント

① 事実の錯誤の意義
② 事実の錯誤の種類
③ 具体的事実の錯誤と抽象的事実の錯誤

事実の錯誤の意義

事実の錯誤とは、実際に発生した事実が行為者の認識・予見していた内容と一致しない場合をいう。

犯罪事実の認識がなければ故意犯は成立しない。しかし、犯罪事実は一応認識していた場合でも、認識していた犯罪事実と実際に発生した犯罪事実との間には、しばしば食い違いが生じる。

そこで、どの程度の食い違いまでは、犯罪事実の認識ありとして故意があるといえるのか、反対にどのくらいの食い違いがあれば故意なしとされるのかという問題が生じる。

事実の錯誤の種類

事実の錯誤は、それが構成要件のいかなる要素に関するかによって次の三つに分かれる。

○ **客体の錯誤（目的の錯誤）**

Aを殺すつもりで人違いによりBを殺したというように、行為者が行為の「客体」をとり違え、本来の意図とは別個の客体について結果を発生させた場合である。

○ **方法の錯誤（打撃の錯誤）**

Aを殺すつもりで発砲したところ手元が狂ってBに命中し、Bを殺したというように、行為者の攻撃の「方法」に手違いがあったため、本来の意図とは別個の客体について結果を発生させた場合である。

○ **因果関係の錯誤**

Aを溺死させるつもりで川に投げ込んだところ、Aは川底で頭を打ち、脳損傷で死亡したというように、行為者がはじめに認識していたところと異なった「因果関係」の経路をたどって予期したと同じ結果が発生した場合である。

具体的事実の錯誤と抽象的事実の錯誤

事実の錯誤は、さらに錯誤が同じ構成要件の範囲内でのことかどうかによって、次の二つに分けることができる。

○ 具体的事実の錯誤

同じ構成要件の範囲内における具体的事実について錯誤があった場合である。

具体的事実の錯誤の場合において、現実に発生した事実について故意の成立を認めるかどうかを決める基準については、具体的符合説、動機説、法定的符合説の三つの考え方がある。

通説・判例は、行為者の認識と現実に発生した事実とが「構成要件の概念」の範囲内で符合、一致していれば、発生した事実についての故意の成立を認めるとする法定的符合説に立っている（大判昭6・7・8）。

すなわち、殺人罪という構成要件を認識して行為を行った結果、現実に殺人罪という構成要件を充足する事実が発生すれば、たとえその客体や手段が意図したものと相違していても、殺人罪の故意が認められるというのである。

この法定的符合説に従えば、客体の錯誤と方法の錯誤は故意を阻却しないし、因果関係の錯誤も、行為者の認識していた因果の経過と具体的に発生した因果の経過とが相当因果関係の範囲内において一致している限りは、具体的な点についての因果関係に不一致があっても故意を阻却しない。

○ 抽象的事実の錯誤

異なる構成要件に錯誤がまたがる場合である。

抽象的事実の錯誤の場合において、現実に発生した事実について故意が阻却されるかどうかを判定する基準については、抽象的符合説、法定的符合説の二つの考え方がある。

通説・判例は、行為者がはじめに認識していた構成要件の範囲内でのみ故意を認めようとするところから、原則として現実に発生した事実について故意犯は成立しないとする。

そして、罪質を全く異にする重なり合わない構成要件に錯誤がまたがるときは、原則に従って故意犯の既遂を否定し、例外的に同質的で重なり合う構成要件に錯誤がまたがるときは、両方の構成要件が重なり合う範囲において成立した軽い事実について故意犯の既遂を認めるとする法定的符合説に立っている（最判昭25・7・11）。

例えば、犬を殺すという器物損壊罪の認識で発砲したところ、それが犬でなく人であったために、殺人罪という結果を発生させた場合に殺人罪の故意は認められず、過失致死罪なり、傷害致死罪の刑責を負うことになるのである。

刑法第三八条第二項の「重い罪に当たるべき行為をしたのに、行為の時にその重い罪に当たることとなる事実を知らなかった者は、その重い罪によって処断することはできない。」という規定は、抽象的事実の錯誤に関し、軽い犯罪を犯す意思で重い犯罪の結果を発生させた場合には、重い犯罪をもって処断することはできないことを意味するが、この規定の趣旨は法定的符合説に従って理解すべきである。

すなわち、錯誤が異質的で重なり合わない二個の構成要件にまたがる場合には、発生した結果について故意犯は成立しない。

また、錯誤が同質的で重なり合う二個の構成要件にまたがる場合には、構成要件が重なり合う範囲において成立した軽い事実について故意犯の既遂を認めることになる。

事例の検討

事例における伊藤の行為は、方法の錯誤に該当する事例であるが、小川という「人」を殺すつもりで、やはり内田という「人」を殺した以上、殺人罪の構成要件要素である「人」に関しては認識と結果との間に不一致はないことから、伊藤の故意は阻却しないこととなる。

8　責任能力

会社員の田村は数年前から精神に異常をきたし、会社を休職し、統合失調症で精神科病院に入退院を繰り返していたが、1週間前からは自宅療養を続けながら通院していた。
今日は気分がいいから、久し振りに買物でもしてみるか…
誰かが俺を殺すために追いかけて来る。
ジョギング中の男にいきなり殴りかかり、重傷を負わせた。

キーポイント
① 有責性と責任能力の意義
② 責任能力が排除される場合

有責性と責任能力の意義

犯罪が成立するには、構成要件に該当する違法な行為が有責なものであることを要する。すなわち、有責性は、構成要件該当性、違法性と並ぶ第三の犯罪成立要件である。責任能力とは、有責に行為する能力、すなわち自己の行為の是非を弁別し、この弁別に従って行動する能力である。責任能力は刑事責任の基礎であり、責任能力を持つ者に対してのみ刑法的非難が可能である。責任能力を基礎づける要素としては、第一に、その行為者が精神病、精神病質、知的障害等の原因を持っているかどうかという生物学的要素があり、第二には、行為に際して自己の行為の是非を弁別し、この弁別に従って行動することができる精神状態にあったかどうかという心理学的要素がある。

責任能力が排除される場合

(1) 刑事未成年者

刑法第四一条は、「十四歳に満たない者の行為は、罰しない。」と定めており、これを刑事未成年者といい。刑事未成年者は常に責任無能力者とされ、その行為は処罰されない。生物学的に一四歳未満でさえあれば、是非の弁別能力があったかどうかの心理学的要素に関係なく無条件に責任無能力とされるのである。

(2) 心神喪失者

刑法第三九条第一項は、「心神喪失者の行為は、罰しない。」と定めている。心神喪失者は常に責任無能力者であり、その行為は処罰されない。

心神喪失とは、精神の障害により、事物の理非善悪を弁識する能力がなく、又はこの弁識に従って行動する能力がない状態（大判昭6・12・3）をいう。心神喪失の原因たる精神障害は、統合失調症、早発性認知症その他狭義の精神病、精神病質、知的障害のような継続的なものであっても、酩酊、中毒、催眠状態のような一時的なものであってもよい。

(3) 心神耗弱者

刑法第三九条第二項は、「心神耗弱者の行為は、その刑を減軽する。」と定めている。心神耗弱者は、完全な責任能力者でも、完全な責任無能力者でもない限定責任能力者として、その刑が減軽される。

心神耗弱とは、精神の障害が、事物の理非善悪を弁識し、その弁識に従って行動する能力を欠く程度には達しないが、その能力が著しく減退している状態をいう。高度の酩酊で、素質・遺伝に原因する病的酩酊の場合には心神喪失の認定を受けやすいが、それ以外の通常酩酊は心神耗弱にとどまるのが通常である。

なお、平成七年六月一日施行の改正刑法において、いんあ者の行為に関する規定が削除された。

いんあ者とは、聴覚機能及び言語機能を共に生まれつき又はごく幼少時に喪失した人をいうが、改正前の刑法第四〇条は、これらの人の行為ついて必要的に刑を減軽するか、処罰しないとしていた。その理由は、このような人たちは聴力及び発語機能を欠くため精神的な発育が遅れることが多いと考えられていたためである。

しかしながら、その後の聾唖教育の進歩拡充等の事情からすれば、その能力を欠いたために当然に精神的発達が遅れるということはなくなっており、今日においては、これらの人について一律に刑を減軽したり、あるいは処罰しないとするのではなく、精神の発達が著しく遅れている場合は心神喪失や心神耗弱の責任能力に関する一般規定を適用すれば足りることから、この規定（刑法四〇条）は削除された。

事例の検討

事例における田村は、統合失調症で精神科病院に入退院を繰り返していた精神病者であり、犯行時も病院に通院をしていたことなどから、心神喪失者であると認められる。

したがって、田村の行為は責任無能力者の行為として処罰されないことになる。

9　結果的加重犯

建設作業員の村田は飲酒して帰宅中
このヤローー!
なんだとぉーー!
会社員・川田
川田は体勢を崩して路面に後頭部を強打して意識不明になり翌日病院で死亡した。
死因は頭蓋骨骨折による脳内出血であった。

キーポイント
① 結果的加重犯の意義
② 結果的加重犯と故意
③ 結果的加重犯と因果関係

結果的加重犯の意義

結果的加重犯とは、ある基本的犯罪構成要件が行為者によって実現された後に、予見しなかった一定の重い結果が発生したことによって、その重い結果について基本犯罪の刑事責任が加重される犯罪をいう。

例えば、単に暴行の故意による暴行罪が実現された結果、傷害の結果が発生すれば、暴行罪の結果的加重犯としての傷害罪が成立して暴行罪の責任が加重されることになる。

さらに、死亡という結果が発生すれば傷害罪の結果的加重犯（暴行罪の二重の結果的加重犯）としての傷害致死罪が成立して、傷害罪の責任が加重されることになる。

結果的加重犯と故意

結果的加重犯では、重い結果についての故意を必要とせず、しかも発生した結果について故意のない場合に限って成立する。

例えば、暴行行為により人を死亡させるという結果を発生させた場合、もし、人の死亡についての故意（殺意）があったとすれば、故意犯としての殺人罪が成立するが、暴行ないし傷害の故意はあったが死亡させることについての故意（殺意）がなかった場合に、はじめて結果的加重犯としての傷害致死罪が成立することとなる。

この点につき、判例は、結果的加重犯が成立するには、軽い基本的行為（暴行又は傷害）と重い結果（致死）との因果関係の存在と軽い基本的事実についての故意があれば足り、重い結果についての予見は必要でないとしている（最判昭26・9・20）。つまり、重い結果の発生について故意はもちろん、過失も必要ないとしている。

　判例の考え方の条文上の根拠は、刑法第三八条第一項（罪を犯す意思がない行為は、罰しない。）と結果的加重犯について定めた各規定（例えば、刑法二〇五条の傷害致死罪）とにある。

　なお、結果的加重犯としては、傷害致死罪のほかに、強制わいせつ等致死傷（刑法一八一条）、堕胎致死傷（刑法二一六条）、遺棄致死傷（刑法二一九条）、逮捕監禁致死傷（刑法二二一条）などがある。

結果的加重犯と因果関係

　結果的加重犯において、その構成要件該当性が認められるためには、基本行為たる構成要件的事実と、重い結果たる事実との間に因果関係が認められなければならない。

　例えば、傷害致死罪（刑法二〇五条）は、被害者が傷害を負ったという事実と、その死亡したという結果との間に因果関係が認められる場合にのみ成立するのである。

　この因果関係を判断する基準として、条件説、原因説、相当因果関係説とがあるが、通説・判例は、社会生活上の経験に照らして、通常、その行為からその結果が発生することが相当だとみられる場合に因果関係を認める相当因果関係説を採っている。

事例の検討

　事例における村田は、川田に暴行を加え、結果として川田の死亡という、重い結果を発生させたものである。

　しかし、村田には「ぶん殴ってやろう」という暴行の故意が認められ、かつ、村田の暴行と川田の死という重い結果について因果関係が存在することから、村田は傷害致死罪の刑責を負うことになる。

10　共同正犯

暴力団京都組の組員片岡と島田は、同組幹部の北島から、いつも能なし呼ばわりされ、コケにされていたことから――

2人で共謀して北島を殺害することを企てた。

それじゃあ打ち合わせどおりに
分かった!

決行日、2人で決めた集合場所に、時間になっても島田が現われなかったことから――

片岡は1人で北島を殺害することとして、北島の自宅を襲い――

就寝中の北島に拳銃を発砲して射殺した。

キーポイント
① 共犯の意義
② 共同正犯の成立要件
③ 共謀共同正犯の理論

共犯の意義

共犯とは、広い意味では二人以上の者が意思の連絡のもとに構成要件該当の行為をすることをいう。

共犯には、必要的共犯と任意的共犯がある。

必要的共犯とは、犯罪の性質上、二人以上の者の意思の連絡のある行為を必要とするもので、内乱罪（刑法七七条）、騒乱罪（刑法一〇六条）のように二人以上の行為者の共同行為が同一の目標に向けられている集合的犯罪と、収賄罪（刑法一九七条）、重婚罪（刑法一八四条）のように二人以上の行為者の行為が相対する方向から合致する対立的犯罪とがある。

任意的共犯とは、本来は単独犯として犯される犯罪を二人以上の行為者が意思の連絡のもとに行う場合で、普通に共犯というときはこれであり、共同正犯（刑法六〇条）、教唆犯（刑法六一条）、幇助犯（刑法六二条）の三つの態様がある。

共同正犯の成立要件

共同正犯とは、「二人以上共同して犯罪を実行」する場合である（刑法六〇条）。

共同正犯が成立するためには、主観的要件として共同実行意思の連絡、客観的要件として共同実行の事実が必要である。

○　共同実行意思の連絡

共同正犯が成立するためには、まず第一に、相互の協力によって犯罪構成要件事実を実現しようとする意思が二人以上の者の間に存在すること、つまり、共同実行意思の連絡が必要である。

この共同実行の意思が、いかなる点について存在することを要するかについては、行為共同説と犯罪共同説とがあるが、判例・通説は、数人が共同の行為によって特定の犯罪を行うのが共同正犯であるとする犯罪共同説によっている。

共同実行の意思は、二人以上の行為者のそれぞれについて相互に存在することを要するから、例えば、Aが屋内で強盗の実行に着手中、Aの知らない間にBが見張りをしていた場合のように、共同実行者の一部の者だけが共同実行の意思を有し、他の者にそれが欠けていた、いわゆる「片面的共同正犯」は、共同正犯ではなく同時犯である。

共同実行の意思の連絡は、行為のときに存在すれば足り、事前の打合せによる必要はないとされている（最判昭23・12・14）。また、先行者が実行行為に着手したが、まだ既遂に達する前に、後行者との間に共同実行意思の連絡を生じ、両者が共同して実行行為を行う「承継的共同正犯」の場合も、後行者は先行者の意思と行為を認識し、しかも先行者が作出した事情を利用して行為したのであるから、その犯罪の全体について共同正犯の責任を負うこととなる（東京高判昭34・12・7）。

意思連絡の方法は、明示的でも黙示的でもよく、暗黙の了解で十分である（最判昭25・6・27）。

また、数人の場合の意思の連絡は、数人の間に同時的、直接的に発生する必要は全くなく、その中にある者を介して、順次的・間接的になされてもよいとされている。

○　**共同実行の事実**

共同正犯が成立するための第二の要件は、二人以上の者が共同して実行行為をすることである。

二人以上の行為者は、実行行為を共同にしなければならない。実行行為以外の行為が共同になされても共同正犯は成立しない。

しかし、実行行為の分担で足りるから、共同者の一人ひとりの行為が実行行為の一部を分担するに過ぎないものであってもよい。

例えば、強盗を共謀したAとBがX方に侵入し、AがXを脅迫して現金を強取し、その間Bが別室でXの時計を盗んだときでも、AとBは強盗罪における実行行為を分担したのであるから強盗罪の共同正犯となる（大判昭7・4・28）。

共謀共同正犯の理論

判例は、二人以上の者がある犯罪について共謀をすれば、共謀者各人による実行行為の分担を必要とせず、その中の少なくとも一人がその実行をしただけでも、直接実行行為に出なかった者をも含めて、共謀者の全員に共同正犯が成立するという「共謀共同正犯」の理論を認めている（最判昭23・5・8）。

共同正犯が成立するための第一の要件である共同実行の意思は共謀の事実によって存在するが、第二の要件である二人以上が共同して実行するという共同実行の事実が存在しない場合についても、この共謀共同正犯の理論によれば、共犯者全員について共同正犯が成立することになる。

このように、共同正犯の成立が肯定されているのは、いわゆる共同意思主体説である。

これは、一定の犯罪を実現しようとする共同の目的の下に、二人以上の者が一心同体となって共同意思主体を形成する以上、少なくとも共謀者の一人でもその犯罪を実行すれば、それによって、共謀者全員が責任を負うのは当然であるとされるのである（大判昭5・5・26）。

教唆犯も共謀共同正犯と似ているが、教唆犯は、被教唆者が教唆により生じた犯意に基づいて自己の目的の下に犯罪を行うのに対し、共謀共同正犯は、共謀者相互の手足となって、共同の目的の下に行うという根本的な相違がある。

事例の検討

事例における島田は、片岡と、北島の殺害について共謀が認められる。

実際、島田は直接に実行行為を分担しなかったとしても、前記共謀共同正犯理論により、片岡との共同正犯として殺人罪の刑責を負う。

11　間接正犯

予備校生の良夫は、スケートボードに凝っており、通学時、近所の田中宅の玄関先に高価なカッコのいいスケートボードがいつも立てかけてあるのを見つけた。

田中宅――

いいボードだなァ…

ねえ坊やこれあげるから、あそこにあるスケートボードを持って来て。

幼稚園児・正夫
ありがとう。

キーポイント
① 間接正犯の意義
② 間接正犯の類型
③ 実行の着手の時期

間接正犯の意義

実行行為は、必ずしも行為者自身の直接の身体的行為に基づくことを必要とせず、器具や動物を道具として用いるのと同様に、他人を道具として使用することも可能である。

このように、他人を道具として使用することにより犯罪を実行する場合を間接正犯という。これは、正犯以外の特殊なものではなく、正犯の一つの態様であり、正犯そのものにほかならない。

間接正犯は、他人を利用して犯罪を実行するという点では、教唆犯（刑法六一条）と似ているが、人を道具として自ら実行行為をする正犯の一態様である点で、人に実行行為をさせる教唆犯とは異なる。

間接正犯の類型

間接正犯は、被利用者に対する利用者の利用行為が実行行為としての定型性をもつ場合において認められ、次の形態がある。

(1) 刑法上の行為と言えないような被利用者の身体活動を利用する場合

○ 被利用者が責任無能力者である場合

例えば、高度の精神病者や幼児に命じて物を盗ませた場合には、物を盗ませた利用者自身が窃盗罪を犯したことになる。

通説は、責任無能力者であっても、すでに弁別能力のある少年に犯罪を実行させるのは教唆犯であって間接正犯ではないとしているが、判例は、責任無能力者を利用する場合をすべて間接正犯としている（大判明37・12・20）。

○ 利用者が被利用者の意思を抑圧して犯罪を行わせた場合

例えば、被利用者に抵抗できない程度に強度の強制を加え、その強制状態のもとで殺人を犯させたような場合は、強制を加えた者自身が行った殺人罪であるとされる。

(2) 一定の構成要件要素を欠く他人の行為を利用する場合

○ **被利用者に故意がないとき**

例えば、医師が情を知らない看護師をして患者に毒薬入りの注射をして殺害した場合は、医師が殺人罪の正犯となる。

○ **目的犯につき、被利用者に目的がないとき**

例えば、行使の目的を有するAが、偽造通貨を作ることは知っているがそれを行使する意思が全くなかったBに依頼して、通貨を偽造させた場合は、A自身が通貨偽造罪の正犯となる。

○ **身分犯につき、被利用者に身分がないとき**

例えば、公務員が情を知っている非公務員を使って賄賂を収受した場合、利用者である公務員が収賄罪の正犯となる。

実行の着手の時期

間接正犯における実行の着手の時期については、利用者が被利用者に働きかけたときすでに実行の着手があったとする主観説と、被利用者が道具としての行為を開始したときにはじめて実行の着手があったとする客観説とがあるが、判例は客観説に立っている（大判大7・11・16）。

事例の検討

事例における予備校生良夫の行為は、幼稚園児、正夫を利用して物を盗ませたのであるから、間接正犯であり、良夫自身が窃盗罪を犯したこととなり、窃盗罪の刑責を負うことになる。

12 教唆犯

竹村――
公園で寝起きしている水田と川上は、竹村が新入りであるのに先住者である自分たちに何の挨拶もないのが気に入らない。
川上
水田
目障りだな。あいつを痛めつけた方がいい！
川上は水田にそそのかされたことから、竹村を痛めつけてやろうと考え――
夜になってから、竹村が寝たところを殴りつけ重傷を負わせた。

キーポイント

① 教唆犯の意義と要件
② 教唆犯の処罰

教唆犯の意義と要件

刑法第六一条第一項は、「人を教唆して犯罪を実行させた者には、正犯の刑を科する。」と定め、教唆犯について規定している。

すなわち、教唆犯とは「人を教唆して犯罪を実行させる」ことである。

(1) 教唆の行為と故意

教唆とは、人をそそのかして犯罪実行の決意を生じさせることである。

教唆の行為は、被教唆者に一定の犯罪を実行する決意を生じさせるのに適したものであれば、命令、指揮、指示、嘱託、誘導、甘言、欺罔、哀願、利益の提供等その方法を問わず、明示的、黙示的、暗示的であってもよい。

また、教唆は、特定の犯罪を実行する決意を生じさせることを要するから、単に「悪いことをしろ」というような命令は教唆ではない（大判大13・3・31、最判昭26・12・6）。

しかし、例えば「Aのところへ泥棒に入れ」と命ずるように、実行すべき犯罪を特定している限り、日時、場所、方法、被害者、目的物をいちいち具体的に指示しなくてもよい。

教唆の故意としては、教唆者には、被教唆者に特定の犯罪を実行する決意を生じさせようという意図がなければならない。教唆の故意は、被教唆者の行う犯罪の全内容に及ぶ必要はなく、被教唆者に犯罪を実行する決意を起こさせる意思で十分であるから、未遂の教唆もあり得る。

(2) 被教唆者による犯罪の実行

教唆犯は、被教唆者が教唆に基づいて犯罪を実行したことによって成立する。

つまり、まだ犯罪の決意をもたない他人に犯罪実行の決意を生ぜしめたことが必要であり、すでに犯罪の決意をもっている他人に対して、その決意を強めさせるのは幇助犯であって教唆犯ではない。

また、高度の精神病者や幼児のように行為能力さえもない者には実行行為もあり得ないから、これを利用するのは、教唆ではなく、間接正犯である。

被教唆者が犯罪の実行に出たとき、この被教唆者の実行行為によってはじめて教唆犯が成立する（教唆犯の従属性）。

被教唆者の実行行為が未遂に終わり、その未遂が可罰的であるときは教唆の未遂となるが、被教唆者が実行に着手しないとき、又は実行行為があっても、教唆行為との間に相当因果関係がないときは教唆の未遂にもならない。

教唆犯の処罰

教唆犯の処罰は正犯の刑を科する（刑法六一条一項）。これは、正犯（被教唆者）に適用すべき構成要件の法定刑の範囲内で処罰されるという意味である。

また、正犯を処罰せず、教唆犯だけを処罰することも可能である。

しかし、拘留、科料のみに処せられるべき罪の教唆者は、特別の規定（例えば、軽犯罪法三条）がなければ処罰されない（刑法六四条）。

なお、教唆者を教唆した間接教唆も正犯に準じて処罰される（刑法六一条二項）。この間接教唆者をさらに教唆した再間接教唆も処罰される（大判大11・3・1）。

事例の検討

事例における水田は、川上をそそのかして、川上に、竹村を痛めつける決意（犯意）を生じさせたものである。

かつ、川上は水田のそそのかしに基づいて、竹村を襲って重傷を負わせたというのであるから、水田は教唆犯として川上に準じて処罰される。

13　幇助犯（従犯）

暴力団仙台組
幹部　山本
同組員　谷川
同組員　北山
殺す？
兄貴をか
……!?
はい、お前は
能なしのドジ
野郎だって…
みんなの前で
……
いいだろう。
殺《や》るなら
格好よくやれ！
おれの拳銃を
貸してやる！
谷川は北山から激励された
ことによりその決意を強く
し、北山から借りた拳銃を
使用して山本を殺害した。

キーポイント

① 幇助犯の意義と要件
② 幇助犯の処罰

幇助犯の意義と要件

刑法第六二条第一項は、「正犯を幇助《ほう》した者は、従犯とする。」と定め、幇助犯（従犯）について規定している。すなわち、幇助犯とは、すでに犯罪の決意をもっている者に加功し、その実行を容易にすることである。

(1) 幇助の行為と故意

幇助の行為とは、正犯の実行行為を助け、その実現を容易にするところの実行行為以外の行為をいう。

幇助の方法は、物質的援助（例えば、凶器、賄賂に用いる金銭の貸与、犯罪場所の提供等）であっても、精神的援助（例えば、助言、激励等）であっても差し支えない。

また、幇助は作為によるのが通常であるが、正犯の犯罪を防止すべき法律上の義務のある者がその義務に違反して、故意に制止しないことによって正犯の実行行為を容易にする不作為による幇助もある。

例えば、警備員が友人の申入れに応じて、倉庫内の品物を窃取するのを黙認したり（高松高判昭28・4・4）、暴力団の幹部が自分の所有する登録済の日本刀を輩下の組員が不法に携帯しているのを認容すれば（高松高判昭40・1・12）、それぞれ、窃盗罪、銃刀法違反の幇助犯となる。

幇助の行為は、正犯の実行行為に先行して予備的に行われても（予備的従犯）、正犯の実行行為と同時に随伴的に行われてもよい（随意的従犯）が、実行行為終了後の幇助はあり得ない。

しかし、正犯の実行行為の一部が終了した段階での幇助はあり得る。すなわち、正犯者が実行行為に着手したが、未だ既遂に達する前に、その犯罪に加功してその後の実行を容易ならしめる「継承的幇助犯」も可能であり、継承的共同正犯の場合と同じく、加功者はその犯罪の全体について幇助犯の刑責を負うことになる（大判昭13・11・18）。

帮助の故意としては、帮助者は正犯の実行行為を認識し、且つ、認容して、自己の行為が正犯の実行行為の遂行を容易にするものであることを認識していなければならない。ただし、この場合、正犯はその実行行為について他人から帮助されているとの認識は必要ではなく、片面的帮助犯であってもよい（大判大14・1・22）。

(2) 被帮助者による犯罪の実行

帮助犯は、被帮助者が帮助に基づいて犯罪を実行したことによって成立する。帮助の行為があっても、被帮助者が犯罪を実行しないときは、帮助犯は成立しない（帮助犯の従属性）。

また、被帮助者の実行行為が未遂に終わり、その未遂が可罰的であるときは帮助の未遂となるが、被帮助者が実行に着手しないときは帮助の未遂にもならないとされている。

帮助犯の処罰

帮助犯の刑は正犯の刑に照らして減軽される（刑法六三条）。これは、正犯の行為に適用される規定の法定刑に減軽をほどこしたもので処罰されるという趣旨であって、正犯に対する宣告刑に照らして減軽するという意味ではない（大判昭8・7・1）。

したがって、帮助犯は必ずしも正犯よりも軽く処罰しなければならないということにはならないし、正犯が起訴されなくても、また処罰されなくても帮助犯を処罰することは可能である。

しかし、拘留、科料にのみ処せられるべき罪の帮助者は、特別の規定（例えば、軽犯罪法三条）がなければ処罰されない（刑法六四条）。

事例の検討

事例における北山は、すでに殺人を犯すことを決意している谷川に対し、その実行行為を激励するとともに、凶器となる拳銃を貸し与えるなど、精神的援助と物質的援助を与えており、その結果、谷川が犯罪を実行し、山本を殺害したのであるから、殺人罪の帮助犯としての刑責を負う。

第2章

刑法各論

14　公務執行妨害

A署の交通執行係、小山巡査と古田巡査は、松本係長の指揮で、管内の駐車違反取締重点地域において駐車違反の取締りに従事していた。

どうして俺の車を取り締まるんだ。

ほかにも違反している車がいっぱいあるだろ！

駐車違反の常習者、内山はミニパトのところへ駆け寄り
頭に来た！取締りをやめないなら……

松本係長が乗っているミニパトのドアを蹴り、「取締りをやめさせろ！」とつめ寄った。

キーポイント

① 公務執行妨害罪の趣旨
② 公務執行妨害罪の成立要件

公務執行妨害罪の趣旨

刑法第九五条第一項は、「公務員が職務を執行するに当たり、これに対して暴行又は脅迫を加えた者」を公務執行妨害罪として処罰することとしている。

本罪の客体は公務員であるが、この罪は公務員という特定の個人を保護しようとするものではなく、公務員によって執行される公務そのものを保護しようとするものである。

したがって、一個の公務を共同して執行する数名の公務員に暴行・脅迫を加えても、公務員の数だけ犯罪が成立することにはならない。

公務執行妨害罪の成立要件

(1) 「職務を執行するに当たり」

「職務を執行するに際してという意味であり、職務の執行を開始しようとしたときから、職務の執行を終えた時点までの時間的な範囲にある場合をいう。

したがって、現に職務の執行中はもちろん、未だ現実に公務員が職務執行に着手していなくとも、執行に着手しようとして密接不可分の行為をしている場合でも「職務を執行するに当たり」と言える。例えば、職務執行の直前に待機中であるような場合も含まれる（最判昭24・4・26）。また、公務は権力的公務であると、非権力的公務であるとを問わない。

(2) 職務行為の適法性

公務執行妨害罪は、公務の執行を保護するものであるから、保護されるべき公務は適法なものでなければならない（大判昭7・3・24）。

公務員の職務の執行が適法なものといえるためには、

次の要件が必要である。

○　**その行為が、公務員の抽象的職務権限に属するものであること**

抽象的権限は、通常、法令に規定されているが（例えば、警察官の逮捕権につき刑事訴訟法一九九条一項、二一〇条一項）、必ずしも法令で具体的に規定されたものであることを要しない。

○　**公務員が、当該職務行為を行うについて、具体的な職務権限を有すること**

公務員がその行為をなし得る法定の具体的条件を有していることが必要である。例えば、逮捕状を緊急執行する場合に、「急速を要するとき」という実質的条件がなければ具体的職務権限があるとはいえない（刑事訴訟法二〇一条）。

○　**その行為が、公務員の職務行為の有効要件とされる法律上の重要な条件や方式を履践していること**

公務員の職務執行が適法であるためには、その行為が法律上重要な法定の方式、手続が正しく踏まれたことを必要とする。例えば、逮捕状を執行するときは、所持している逮捕状を被疑者に示さなければならない（刑事訴訟法二〇一条一項）ことなどである。

(3)　暴行、脅迫の内容と程度

公務執行妨害罪の手段は、暴行又は脅迫に限られる。脅迫は、刑法第二二二条の脅迫罪のそれと同じく、相手方を畏怖させるために害悪を告知することであり、その害悪の内容、性質、通知の方法のいかんを問わない。

また、暴行は、刑法第二〇八条の暴行罪のそれよりは広く、直接的に公務員の身体に向けられた有形力の行使（直接暴行）のほか、直接的には公務員以外の第三者又は物に向けられていても、間接的には公務員に対するものと認められる有形力の行使（間接暴行）であってもよいとされている。

例えば、覚せい剤取締法違反の現行犯逮捕の現場で、司法巡査に証拠物として差し押さえられた覚せい剤注射液入アンプルを足で踏みつけて破壊する行為（最決昭34・8・27）や、警察官が乗車し走行しているパトカーに投石する行為などがこれに当たる。

また、暴行・脅迫の程度は、それが直接的なものであると、間接的なものであるとを問わず、客観的に考察して、公務員の職務執行の妨害となるべき性質のものであれば足り、その暴行・脅迫によって現実に職務の執行が妨害されたことを必要としない（最判昭25・10・20）。

例えば、警備に当たっていた警察官に対して投石する行為は、それが身体に命中した場合はもちろん、命中しなかった場合でも警察官の職務執行の妨害となるべき性質のものであれば公務執行妨害罪の暴行に該当する（最判昭33・9・30）。

また、本罪における暴行・脅迫は、それが暴行・脅迫にとどまる限り、本罪の構成要件によって評価しつくされるから、別に暴行罪・脅迫罪を構成するものではないが、公務員を殺傷した場合は、殺人罪・傷害罪などとの観念的競合になる（大判明42・7・1）。

(4) 故　意

公務執行妨害罪が成立するためには、犯人側が、

○ 暴行・脅迫の相手方が公務員であることの認識
○ その公務員が職務を行っていること、あるいは行おうとしていることの認識
○ その公務員に暴行・脅迫を加えることの認識

をもっていることが必要である。

したがって、暴行・脅迫に至った動機のいかん、あるいは職務の執行を妨害する意思の有無は問題ではない（大判大6・12・20）。

例えば、平素の恨みをはらそうとして、たまたま職務執行中の巡査に暴行を加えたときでも公務執行妨害罪は成立する。

事例の検討

事例において松本係長の指揮のもと、小山巡査と古田巡査が行っている違法駐車の取締りは、適法な職務の執行中であることは明らかである。

そして、内山の行為は、直接的にはミニパトへの有形力の行使であっても、間接的には松本係長に対する暴行と認められるから、内山は公務執行妨害罪の刑責を負うこととなる。

15　犯人蔵匿

貴金属販売会社のセールスマンをしている南村は、客に販売した貴金属の代金500万円を会社に入金せず競輪、競馬に使い果たした。

ドドドド…

南村は、会社から業務上横領で訴えられたことを知って――

会社の金を使い込んで警察に追われている。匿まってくれ！

南村の愛人田村は、自宅に南村を匿まっていたが…

あなた、外にウロウロしてるの刑事じゃない？

このお金でどこかへ逃げて！

田村は南村に逃走資金を渡し、南村はその金で北陸方面へ逃走した。

キーポイント
① 犯人蔵匿罪の客体
② 蔵匿・隠避の行為
③ 故意
④ 他人教唆による自己の蔵匿、隠避
⑤ 親族間の特例

犯人蔵匿罪の客体

刑法第一〇三条は「罰金以上の刑に当たる罪を犯した者又は拘禁中に逃走した者を蔵匿し、又は隠避させた者」を犯人蔵匿罪として処罰することとしている。

本罪の保護法益は、国家の刑事司法作用の円滑な遂行という国家的法益であるが、現実に刑事司法の機能を妨げたという事実の発生は要件ではない。

(1)　罰金以上の刑に当たる罪を犯した者

本罪の客体の第一は、罰金以上の刑に当たる罪を犯した者である。

「罰金以上の刑に当たる罪」とは、法定刑として罰金、又はそれより重い刑が規定されている罪をいい、選択刑として拘留・科料が併せて規定されていてもよい。この罪を「犯した者」には、その犯罪を犯した者のほか、その教唆犯、幇助犯を含み、予備・陰謀（その刑が罰金以上のとき）をした者もこれに含まれる。

そして、この「罪を犯した者」は必ずしも真犯人であることを要せず（大判大12・5・9）、現に犯人として訴追されている者、現に捜査の対象になっている者であれば真犯人であるかどうかに関係なく、本罪の客体となり（最判昭24・8・9）、その後その事件が無罪になっても、不起訴処分になっても犯人蔵匿罪の成立に影響はない。

(2)　拘禁中に逃走した者

客体の第二は、拘禁中逃走した者である。すなわち、法令により拘禁された者で逃走した者をいい、自ら逃走した者のほか、奪取されて拘禁を脱した者を含むとされている（広島高判昭28・9・8）。

法令により拘禁された者とは、既決・未決の者、勾引状、勾留状、収容状、逮捕状、引致状の執行を受けた者のほか、現行犯人として逮捕され、あるいは緊急逮捕された者等、適法に身体の自由を拘束された一切の者を含み、必ずしも一定の場所に拘禁されていることを要せず、逮捕連行中の被疑者も本罪の客体である。

蔵匿・隠避の行為

蔵匿とは、官憲による発見、逮捕を妨げるような場所を提供して、匿まってやる行為をいう。

隠避とは、蔵匿以外の方法で官憲による発見、逮捕を困難にさせる一切の行為をいう。

具体的には、犯人に逃走を勧告するとか、逃走を容易ならしめるため旅費、生活費、衣服、食糧を与え、潜伏場所を教えるような典型的な場合のほか、逃走中の者に対し留守宅の状況、家族の安否、警察の捜査の進展状況等を通報したり、真犯人の自首を阻止したり、あるいは告訴・告発を妨害することなどもこれに当たる。

故　意

本罪が成立するためには、相手方が「罰金以上の刑に当たる罪を犯した者」であること、又は「拘禁中に逃走した者」であることを未必的にせよ認識して、蔵匿等をする故意がなければならない。

しかし、刑法の条文を熟知しない一般人に罰金以上の刑に当たる罪かどうかの判断を要求することは不都合であるから、その罪の法定刑が罰金以上に当たるとの認識までは必要でないとされるが（最決昭29・9・30）、殺人罪、窃盗罪など単に、罰金以上の刑に当たる犯罪を犯したものであることを知っていれば足り、犯罪の内容や犯人の氏名までは知る必要はない（大判大4・3・4）。

他人教唆による自己の蔵匿、隠避

犯人又は逃走者自身が自ら蔵匿、隠避しても罪にならない。

しかし、犯人又は逃走者が他人を教唆して自己を蔵匿、隠避させた場合には、その教唆犯が成立する（最決昭35・7・18）。それは、他人に犯人蔵匿等の罪を犯させないようにすることは犯人自身に期待できないことではなく、かつ、他人を利用してまで自己を隠避するのは、防禦の範囲を逸脱していると解されるからである。

親族間の特例

刑法第一〇五条は、「前二条の罪については、犯人又は逃走した者の親族がこれらの者の利益のために犯したときは、その刑を免除することができる。」として、親族間において犯人蔵匿罪等を犯した場合の特例について定めている。

これらの罪を犯すことは、親族間の人情に基づく期待可能性の少ない行為であることに着目して、任意的な刑の免除事由を定めたものである。

ここにいう親族の範囲は、民法に従って定められ、六親等内の血族及び配偶者と三親等内の姻族（民法七二五条）をいい、犯人の雇人が犯人のために犯してもこの特例は適用されない。

また、刑の免除が許されるのは、犯人又は逃走者の利益のために犯された場合に限られるから、その不利益のためになされた場合はもちろん、もっぱら犯人等の共犯者のために犯された場合にも適用されない（大判大8・4・17）。

事例の検討

事例において田村は、南村が業務上横領罪の犯人と知りつつ、自宅に匿まい（蔵匿）、さらに、資金を提供して逃走させた（隠避）のであるが、このように同一人を蔵匿し、かつ、隠避させた場合は犯人蔵匿罪の包括一罪の刑責を負う。

また、南村は田村に、自己の蔵匿を教唆し、田村はその依頼に応じて犯人蔵匿の罪を実行したのであるから、南村は犯人蔵匿罪の教唆犯としての刑責を負う。

16 放火

付き合っていた女性から交際を断わられた島田は、ウサ晴らしに酒を飲んでの帰り道、うっ憤を晴らそうと、どこかの家に火をつけることを考えついた。
あのアマ！いったいどういうつもりだ！
森田宅
裏木戸から森田宅に侵入し、台所の喚気孔のすき間に新聞紙をはさみ――
ライターで新聞紙に火をつけて
火事だあ～！
火が屋根裏まで回わったところで家人に発見され、消し止められた。

キーポイント

① 放火罪の態様
② 公共の危険
③ 放火の意義と実行の着手
④ 放火の既遂時期

放火罪の態様

放火罪の目的物は、建造物、汽車、電車、艦船、鉱坑、その他の物件であるが、放火罪はこれら目的物の態様によってその構成要件を異にしている。

○　現住建造物等放火罪（刑法一〇八条）

「放火して、現に人が住居に使用し又は現に人がいる建造物、汽車、電車、艦船又は鉱坑を焼損」することによって成立するが、これらの目的物を現住建造物という。

ここにいう「人」とは、犯人以外の者をいい、建造物等の所有権が犯人に属するかどうかは問わない。

「現に人が住居に使用し」とは、放火の当時、犯人以外の者が起臥寝食の場所として日常使用していることをいうが、それは必ずしも昼夜間断なく犯人以外の者が日常生活を送る場所であることを要しない。

「現に人がいる」とは、放火の当時、犯人以外の者がその内部にいることであるが、そこに現在する権利の有無を問わず、また、犯人以外の者が現在する限り、それが人の住居に使用されていることを要しない。

また、「建造物」とは、家屋その他これに類似する工作物で土地に定着し、人の起居出入りに適する構造を有するもので、屋蓋《おくがい》を有し柱材により支持せられて土地に定着し、人が起居出入りし得る内部を有する工作物である以上は、たとえ周壁や天井がなくても建造物である（大判昭2・5・30）。

○　非現住建造物等放火罪（刑法一〇九条）

「放火して、現に人が住居に使用せず、かつ、現に人がいない建造物、艦船又は鉱坑を焼損」することによって成立する。

非現住建造物等とは、現に人が住居に使用せず、かつ、現に人のいない建造物等をいう。

犯人が自分一人で住んでいる建造物等が通常これに当たる。

ただし、犯人の所有に係る建造物等であるときは、公共の危険を生ぜしめなければ処罰されない。

○　建造物等以外放火罪（刑法一一〇条）

「放火して、前二条に規定する物以外の物を焼損し、よって公共の危険を生じさせた」ことによって成立する。

すなわち、現住建造物等と非現住建造物等以外の物（例えば、自動車、人の現在しない汽車・電車、橋梁、建造物といえない門・塀等）を焼損することにより成立するが、公共の危険の発生が構成要素とされるから、目的物を焼損し、さらに公共の危険が発生したときにはじめて処罰される。

公共の危険

放火罪は、公共危険罪の代表的なもので、その保護法益はもっぱら公共の安全と平和であるが、単に公共の危険を生じさせれば足り、現実的に公共の安全が侵害されたことを要しないとされる。

危険罪は、その構成要件要素として具体的・現実的に公共の危険の発生をしていることを必要とする「具体的危険犯」と、単に法益侵害の抽象的危険が存在すると認められることで足りる「抽象的危険犯」とに分かれるが、放火罪は、原則として抽象的危険犯であり（刑法一〇八条、一〇九条一項）、具体的危険犯であるとされるのは例外的である（刑法一〇九条二項、一一〇条）。

放火の意義と実行の着手

放火罪の共通の実行行為は、「放火する」ことであり、一定の目的物の燃焼に原因を与える火力の使用行為のすべてをいう。

放火行為には、目的物そのものに点火する直接的なものから、可燃性導火材料や発火装置を使用する間接的なものまで様々の態様がある。

目的物に直接点火したときは、点火のときに放火したものとして実行の着手がある。

可燃性導火材料（媒介物）を用いて目的物に間接的に放火しようとするときは、このような導火材料に点火することが放火する行為として実行の着手であり、点火した以上は現実に目的物に火が燃え移らなくても実行の着手があったといえる。現住建造物に延焼させる目的で、非現住建造物に放火したような場合には、後者に対する放火の着手と同時に前者に対する放火の着手があったものとみられる。

また、物理的に火力が導火材料を経て目的物に及ぶように工作された発火装置は、これを仕掛けたときに実行の着手があったということができる。

放火は不作為によってもなされ得る。

すなわち、自己の故意行為以外の原因による発火、又はその危険があった場合に、消火又は発火防止の法律上の義務のある者が、容易にこの措置をとることができたのに、その既発の火力又は発火の危険を「利用」する意思で、あるいは物件の焼燬も認容する意思でことさらに消火手段、又は発火防止措置を講じなかったときは、やはり「放火した」ことになる（不真正不作為犯）。

放火の既遂時期

放火罪は、「放火する」ことによって実行の着手があり、目的物の「焼損」によって既遂に達する。

「焼損」とは、火力による物の毀損を意味するが、いかなる程度に毀損することを要するかについて、判例は一貫して独立燃焼説によっている（最判昭23・11・2）。

独立燃焼説とは、火が媒介物を離れて目的物に燃え移り、独立して燃焼を継続する状態に達しただけで焼損になり、公共の危険がすでに発生するというものである。

事例の検討

事例における島田は、放火して、現に人が住居に使用している森田方の屋根裏まで焼損させたのであるから、現住建造物等放火罪（既遂）の刑責を負う。

17　住居侵入

窃盗で服役を終えた村山は、金を盗もうと考え野村宅に忍び込んだが……
ひぇ～!
犬に吠えられたことから、何も盗らずに逃走した。

キーポイント

① 住居侵入罪の意義（侵入行為、住居侵入罪の客体）
② 住居侵入罪と他罪との関係
③ 不退去罪

住居侵入罪の意義

刑法第一三〇条は「正当な理由がないのに、人の住居若しくは人の看守する邸宅、建造物若しくは艦船に侵入」した者を住居侵入罪として処罰することとしている。

本罪は、不退去罪とともに個人のもつ私生活の平穏の一つとしての住居の平穏を侵害する行為を罰する趣旨である。

(1) 侵入行為

住居侵入罪の行為は、人の住居、建造物等に「正当な理由がないのに侵入する」ことである。

「正当な理由がないのに」とは、違法性の原則を表現した言葉であると解される（最判昭23・5・20）。

「侵入」とは、住居等の平穏を侵すような方法で立ち入ることをいい、その方法は公然であると、隠密であるとを問わない。

住居者・看守者が立入りについて明示の承諾を与えたときは、侵入には当たらない。すなわち、承諾は構成要件阻却事由である。

しかし、その承諾は自由な真意によるものでなければならないから、承諾が錯誤による場合、例えば「今晩は」とあいさつした強盗犯人を通常の来客と信じて「お入り」と答えて住居内に入れたときは住居侵入に当たる（最判昭24・7・22）。

住居者・看守者の明示の現実的承諾がないときは、住居行為の目的・方法その他の客観的事情を総合し、住居者・看守者に他人の立入りを容認する意思が推測されるかどうかを判断し、かような推定的承諾がない限り住居侵入となる。

侵入行為に着手して、しかも、行為者の身体の全部が、本罪の客体となる場所に入るにいたらなかった場合は、未遂となる。例えば、侵入のために施錠の破壊や暴行を開始したが、侵入を遂げなかった場合がこれである。

(2) 住居侵入罪の客体

住居侵入罪の客体は、「人の住居若しくは人の看守する邸宅、建造物若しくは艦船」である。

「人の住居」とは、人が現実に日常生活としての起臥寝食に使用する場所をいい、その使用が一時的のものであってもよく、また、場所がアパートの一室のように建物内の一区画であってもよい。ホテル、旅館、料理屋の一室でも宿泊者や飲食者にとっては住居である（名古屋高判昭26・3・3）。

なお、住居は必ずしも現に人がいることを要しないから、一時不在の部屋、日常生活の延長の場所として一定期間だけ居住する場所も住居である。

次に、「邸宅」とは、住居に供する目的で作られた建造物とその囲繞地《いにょうち》をいい、「建造物」とは、住居・邸宅以外の家屋とその囲繞地、例えば工場、倉庫、官公庁の庁舎、学校等をいい、「艦船」は、それが人の看守するものであるときにはじめて本罪の客体となる。

ここで「囲繞地」とは、かこいのめぐらされている地域をいい、通常、建物に附属し、塀、垣等によって住居者又は看守者による管理支配の意思が表現されている一定の区画内の地域を指し、必ずしも門戸のあることを要しない（大判昭14・9・5）。

「人の看守する」とは、事実上の管理支配を意味し、他人の侵入防止に役立つ物的設備（例えば施錠、立入禁止の貼紙）、又は人的設備のあることをいう。

住居侵入罪と他罪との関係

住居等に侵入して他の犯罪を犯すときは、原則として牽連犯となる。

判例は、窃盗、強盗、強盗致傷、強制性交等、放火、殺人等と住居侵入の関係につき牽連犯を認める。牽連犯とは、「犯罪の手段若しくは結果である行為が他の罪名に触れるとき」（刑法五四条一項後段）に成立するが、犯人が現実に犯した二罪がたまたま手段と結果の関係にあるだけでは足らず、罪質上通常、手段と結果の関係（最判昭32・7・18）、すなわち、類型的な手段目的の関係が存在することが必要である。

また、単なる不法侵入という以上に住居を不法に占拠するに至ったときは、不動産侵奪罪が成立し、住居侵入罪はそれに吸収されてしまう。

不退去罪

刑法第一三〇条後段は、「要求を受けたにもかかわらずこれらの場所から退去しなかった者」を不退去罪として処罰することとしている。

本罪は広義の住居侵入罪に当たるもので、いわゆる真正不作為犯の一つである。

「退去しない」ことが罪になるためには、まず退去を要求する権限のある者の退去の「要求」があったことを要する。

退去の要求につき権限のある者は、通常、住居の住居者、邸宅、建造物等の看守者であるが、そのほか、家族その他本人に代わって住居権を行使することを認容せられたと推測された者でもよい（大判大15・10・5）とされる。

「退去しない」とは、退去の要求があったのに、退去に要する合理的時間を超えて、さらに滞留を続けることで、退去要求後、これに必要な時間の経過によって犯罪が既遂となり、しかも退去するまで犯罪が継続する継続犯である。

なお、不退去罪は、はじめ適法又は過失によって立ち入った者が退去しない場合にのみ成立し、最初から不法に侵入した者については狭義の住居侵入罪のみが適用され、別に不退去罪は成立しないとされている（最判昭32・8・22）。

事例の検討

事例における村山は、窃盗の目的で、野村方の住居そのものには侵入しなかったが、住居の一部としての囲繞地である庭に不法に侵入したことから、住居侵入罪の刑責を負う。

18　公文書偽造

運転免許取消中の川上は、伊藤和夫名義の自動車運転免許証を拾ったことをいいことに
県公安委員会の印章のある伊藤和夫名義の免許証を改ざんし、自分の写真に貼り替えて使用することを企てた。
ニヤ
川上は、改ざんした免許証を携帯して自動車を運転していた。

キーポイント
① 公文書偽造罪（行使の目的、公文書の意義、偽造・変造の意義）
② 有印公文書偽造罪、無印公文書偽造罪

公文書偽造罪

刑法第一五五条は「行使の目的で、公務所若しくは公務員の作成すべき文書若しくは図画を偽造」した場合、公文書偽造罪として処罰することとしている。本罪は、公文書に対する公共の信用を保護しようとするものである。

なお、公文書偽造が私文書偽造と区別され、重く罰せられるのは、公務所・公務員の職務上の作成名義になっている文書の信用力が、私文書よりも強いからである。

(1) 行使の目的

文書の偽造、変造の行為は、「行使の目的で」なされたときに犯罪となる。

すなわち、通貨偽造（変造）や有価証券偽造（変造）と同様に目的犯であって、単に偽造や変造をすることについての故意があるだけでは十分でなく、このようにして作成した文書を行使する目的があることが必要である。

「行使の目的」とは、偽造・変造した不真正文書を真正文書として使用する意図をいう。本人自らがこれを使用する意図であっても、他人をして使用させる意図であってもよい。

そして、「行使」とは、偽造・変造した不真正文書を真正なものとして使用することで、必ずしもその文書本来の用法に従って使用することを要しない。通常は、特定の相手方に提出して引き渡すか、提示するのが行使である。ことさら文書の真正や真実を主張して提出、提示する必要はない（大判大6・4・12）。また、関係者の閲覧に供するため一定の場所に備え付けられる性質の文書では、その備え付けによって行使になる。

なお、自動車運転免許証を携帯して自動車を運転する行為については、偽造した運転免許証を携帯しているだけでは足りず、具体的に警察官に提示するなどの行為がなければ偽造公文書行使罪（刑法一五八条）に当たらないとされている（最判昭44・6・18）。

(2) 公文書の意義

公文書偽造・変造罪の客体は、「公文書」、すなわち、「公務所又は公務員の作るべき文書、図画」で、本来の公務員や公務所がその職務上作成する文書、図画のみならず、公務員とみなされる者やそれが職務を行う組織体がその職務上作成する文書、図画のことである（最判昭23・10・28）。

一般人をして公務所・公務員の職務権限内で作成されたものと信じさせるだけの形式外観を備えている文書であれば、実際に作成名義者たる公務所・公務員にその権限がない場合であっても公文書に当たる。しかし、公務員が職務と関係なしに作成するものは、公文書ではない。例えば、公務員の退職届は公文書ではなく私文書である。

なお、ここで「文書」とは、文字又はこれに代わるべき符号を用い、永続的状態によってある物体の上に記載された意思表示をいい、「図画」とは、文書のような発音的符号を用いず、象形的符号によって物体の上に記載された意思表示をいう。

(3) 偽造・変造の意義

公文書の「偽造」とは、公文書の作成名義を偽ることである。

すなわち、作成権限のない者が、公務所又は公務員名義を冒用して公文書を作成することである。冒用される名義は、実在することを要しないが、その形式、外観において、一般人をして実在する公務所・公務員がその職務権限内において作成した公文書であると誤信させるに足りるものを作成した場合でなければ偽造といえない（最判昭36・3・30）。

文書偽造の態様としては、所定の書式を使用したり、これに似かよった用紙を使用して所要事項を記載する方法や、失効した公文書に加工を加える方法がある。

また、有効な文書に加工を加えて新しい文書を作成する方法があるが、この場合には変造との相違が問題となる。これは、加工・変更を加えることによって新しい権利関係・証拠価値が生じ、文書としての同一性を失ったときは偽造である。

偽造の主体は、私人でも公務員でもよいが、公務員が偽造する場合は、その公務員の地位や職務と関係なく、他の公務員の作成権限に属する公文書を作成する場合でなければならない。

また、「変造」とは、作成権限のない者が、公務所又は公務員作成の既存の真正公文書に対し、文書としての同一性が失われない限度で変更を加えることである。

有印公文書偽造罪、無印公文書偽造罪

公文書偽造罪は、印章・署名を使用するかどうかにより、有印公文書偽造と無印公文書偽造に分かれる。

「有印公文書偽造」の第一は、「公務所若しくは公務員の印章若しくは署名を使用して」公文書を偽造する場合である（刑法一五五条一項前段）。これは真正の印章を不正に押捺し、又は正当に押捺・表示された印章・署名を不正に使用する場合のことで、印章か署名のどちらか一方の使用で足りる。

「有印公文書偽造」の第二は、「偽造した公務所若しくは公務員の印章若しくは署名を使用して」公文書を偽造する場合である。

顕出された印章・署名は、一般人をして公務所又は公務員のものであると誤信させる程度に類似していればいい。

「無印公文書偽造」は、印章・署名を使用することなく公文書を偽造する場合である（刑法一五五条三項前段）。

事例の検討

事例の川上の行為は、伊藤和夫に交付された自動車免許証に貼付してある写真を勝手に剝ぎ取り、自分の写真を貼り替えているものであり、変更した部分は、免許証の内容のうち重要事項に属するから、全く新しい公安委員会名義の自動車運転免許証を作出したものとして、公文書偽造罪となる。

また、事例において川上の偽造した免許証は、公安委員会の印章を不正に使用したことになるので、川上は有印公文書偽造罪の刑責を負う。

19　私文書偽造

不動産業者の岡田は、三木から、三木名義の家屋を山村に売却し、その代金を三木に引き渡すことを依頼された。
岡田
三木
岡田は、三木が高齢でボケ気味であるのに乗じて、三木名義の家屋を山村に売却せず、以前から欲しがっていた斉藤に売ることを企てた。
斉藤
斉藤に対する売買契約書を勝手に作成し、三木に対しては——
細かい文字で書いてあるが、それが山村に対する売買契約書です。
これを信用した三木に、署名・押印させた。

キーポイント
① 私文書偽造罪
② 私文書偽造罪の行為

私文書偽造罪

刑法第一五九条は「行使の目的で、他人の権利、義務若しくは事実証明に関する文書若しくは図画を偽造」した場合、これを私文書偽造罪として処罰することとしている。

私文書偽造においても、行使の目的、偽造・変造の態様等については、公文書偽造罪のそれと同様である。

私文書偽造罪は、私文書一般を保護の客体とせず、特に「権利、義務若しくは事実証明に関する文書」と限定している。これは、法律上あるいは取引上重要な文書でなければ、その偽造によって公共の信用が害されることはないからである。

したがって、「事実」というのは、社会生活上の利害に関係のある事実に限られると解される。

私文書は、公文書と異なり、文書の名義人は無限であり、文書自体の持つ社会的な意味合いも多様で、公共の信用も一般に高いとはいえない。

しかし、権利、義務、事実証明に関する文書は、その存在が私人間、私的紛争解決に重要な意味をもち、それらに対する社会的信用は十分に保護するに値する。

なお、文書とならんで図画も客体とされるが、この場合も、右のような文書の一部をなすもの、又は同様の要件を具備するものでなければならない。

○　権利、義務に関する文書

「権利、義務に関する文書」とは、権利・義務の発生・存続・変更・消滅の効果を生じさせることを目的とする文書のことで、例えば、銀行預金通帳、郵便貯金・銀行貯金払戻請求書、銀行の出金票・支払伝票、契約書、借用証書、白紙委任状等がこれに当たる。

○　事実証明に関する文書

「事実証明に関する文書」とは、ひろく実社会生活に交渉を有する事項を証明するに足りる文書のことで、転居届、履歴書、身分証明書等である。

私文書偽造罪の行為

私文書偽造とは、作成権限のない者が、他の私人名義を冒用して私文書を作成することであり、変造とは、既存の真正文書に対し、文書としての同一性を害しない限度で変更を加えることである。

すなわち、私文書偽造罪は、作成権限のない者が他人名義を冒用することが要件であり、作成権限のある者が内容偽造の私文書を作成したとしても(無形偽造)私文書偽造罪は成立しない。

他人名義の冒用として使用する「署名」は、作成者が誰であるかを示すに足りる記名をいい、その氏名の自署のみに限らず、いやしくも作成者たる他人の記名を使用し文書を偽造するときは、その記名が本人の自筆になると、本人が他人をして代筆をさせたものであると、もしくは印刷によって表示したものであるとを問わないとされている（大判明45・5・30）。また、これは、氏名のほか、商号その他の符号文字であっても、取引上使用される略号を用いた場合でも雅号でもよいとされている。

偽造の方法には、他人の真正な印章、署名を使用し、あるいは偽造した他人の印章、署名を使用して偽(変)造する有印私文書偽（変）造（刑法一五九条）と、印章、署名を使用しないで偽（変）造する無印私文書偽（変）造（刑法一五九条三項）とがある。

私文書偽造罪は、名義人の不知を利用して署名押印させる間接正犯の形で行われることがある。

例えば、文盲、愚鈍の名義人をしてその文書の内容不知のまま署名押印させる（大判大12・11・30）、あるいは他の文書と誤信させて署名押印させたとき（大判明44・5・8）などである。

事例の検討

事例における岡田は、三木の不知を利用して偽造文書に署名押印をさせたものであることから、有印私文書偽造罪の刑責を負うことになる。

20　公正証書原本不実記載

中原と森は、東西商事株式会社を設立することとし、同商事会社の創立発起人となったが——
設立の手続が面倒らしいぜ！
会社設立に伴う手続が面倒なことから、予め作成しておいた会社の設立に必要な手続が適法になされたように装った関係書類を整備して、地方法務局に提出し
地方法務局に備え付けの商業登記簿の原本に東西商事株式会社が適法に創立されたように係員に記載させ
登記手続を完了した。

キーポイント
① 公正証書原本不実記載罪・同行使罪
② 電磁的公正証書原本不実記録・同供用罪

公正証書原本不実記載罪・同行使罪

刑法第一五七条第一項は、「公務員に対し虚偽の申立てをして、登記簿、戸籍簿その他の権利若しくは義務に関する公正証書の原本に不実の記載をさせ」た者を公正証書原本不実記載罪として処罰することとしている。

(1) 客　体

公正証書原本不実記載罪の客体は、「権利、義務に関する公正証書の原本」である。

これは、権利、義務に関する特定の事実を証明する効力をもつもので、公務員がその職務上作成する文書のことである。

公務員が申立内容を審査せずに記載するものであると、内容を審査し取捨選択して記載するものであるとを問わない。

また、その目的が特に私法上の権利義務を証明するためのものであると否とを問わない。

判例上、公正証書の原本等に該当するとされたものとしては、

○ 戸籍簿（大判明43・2・2）
○ 土地登記簿及び建物登記簿（大判明43・11・8）
○ 商業登記簿（大判大4・4・30）
○ 寺院登記簿（最判昭26・7・10）
○ 土地台帳（大判大11・12・22）
○ 公証人が作成する公正証書（大判明42・12・21）
○ 住民票（最判昭36・6・20）

などがある。

なお、旅券に関する不正行為については、旅券法第二三条に規定がある。

(2) 行　為

公正証書原本不実記載の行為は、「公務員に対し虚偽の申立てをし」公正証書の原本に「不実の記載をさせる」ことである。

すなわち、公務員でない者が、情を知らない公務員に虚偽の申立をし、内容虚偽の記載をさせることである。

もし、公務員に虚偽であることを打ち明けて、不実の記載をさせれば、公務員は虚偽公文書作成罪になり、記載させた者は、その教唆犯になる。

申立は、口頭、書面のいずれによってもよく、申立名義のいかんを問わないとされている。

「虚偽」と「不実」とは対応した関係にあり、いずれも真実に反することを意味する。内容が真実に反する場合のみならず、申立人に関して偽りがある場合（例えば、代理名義の冒用）でもよい。虚偽の申立をしたが公正証書の原本に不実の記載がなされなかったときは未遂である。

また、客観的には虚偽であっても、その認識を欠くときは、本罪は成立しない。

(3)　不実記載公正証書原本行使罪

刑法第一五八条第一項は、不実記載公正証書原本を行使する罪を処罰することとしている。

登記所に備え付けてある登記簿は、「権利若しくは義務に関する公正証書の原本」に当たるので、登記官吏に虚偽の事実を申告し、登記簿に不実の記載をさせることによって、公正証書原本不実記載罪が成立するが、不実記載公正証書原本行使罪はどの時点で成立することとなるのかについて、判例は次のように判示している。

「登記簿は登記につき利害関係を有する者の閲覧に供するため、これを登記所に備え置くものなれば、その文書の行使は、その備付けに依り特殊関係人の閲覧し得べき状態に置くをもってたりる」（大判大11・9・27）。

すなわち、行使罪については、登記官吏をして登記簿に不実の記載をさせ、不実の登記簿を利害関係人の閲覧に供し得るよう登記所に備え付けさせることによって行使罪が成立するのである。

電磁的公正証書原本不実記録・同供用罪

昭和六二年の刑法等の一部を改正する法律により、電子情報処理組織を巡って行われる各種不正行為についての処罰規定が整備された。

刑法第一五七条第一項は、「権利若しくは義務に関する公正証書の原本として用いられる電磁的記録に不実の記録をさせた者」を電磁的公正証書原本不実記録罪として処罰することとし、第一五八条第一項は、不実に記録した「電磁的記録を公正証書の原本としての用に供した者」を同供用罪として処罰することとした。

すなわち、公務員に虚偽を申し立てて権利、義務に関する公正証書の原本となるべき電磁的記録に不実の記録をさせる行為を、従来の公正証書原本不実記載・同行使罪等と同様に処罰することとして、同罪に関する解釈上の疑義を解消したものである。

従来の文書の形態に代わり、コンピュータ・ファイル上の電磁的記録が、権利・義務に関する公正証書原本と同一の機能を果たしている例は少なくない。

道路運送車両法第六条に基づく自動車登録ファイル、住民基本台帳法第六条第三項に基づく住民基本台帳ファイル、特許法第二七条第二項に基づく特許原簿等がこれに当たる。

不実の記載をさせた公正証書原本は、これを公務所に備え付けることにより、関係者の閲覧できる状態となって行使罪に当たるとされている。

電磁的記録の場合は、これに基づいて公務員が各種の公証文書を作成することになるが、それ自体、関係者の認識できる状態に置かれたり、その内容が開示されていなくても、不実の記録を含むファイル等を当該公務所のシステム内部において使用し得る状態に置けば供用罪に当たるものとされている。

したがって、通常の場合であれば、電磁的公正証書原本不実記録罪が成立すると同時に、同供用罪も成立することになる。

事例の検討

事例における中原と森は、虚偽の会社設立登記の申請によって、商業登記簿にその旨の不実記載をなさしめ、これを法務局に備え付けさせたのであるから、公正証書原本不実記載罪とその行使罪が成立することになる。

21　不正作出支払用カード電磁的記録供用罪等

暴力団員の石田は遊興費に窮していた
イライラ
金に困っているのか？
それはスキミングによって取得された原田名義のキャッシュカードの電磁的記録が印字された
偽造キャッシュカードであった
知り合いの安藤から
このキャッシュカードで現金を引き出せ
2割をおまえにやるよ
うまい話じゃねーか
石田はそれを快諾し
X銀行Y支店の現金自動預払機に差し込んで
原田名義の口座から
50万円を引き出し領得した

キーポイント（窃盗罪は別論とする）

① 電磁的記録
② 不正電磁的記録カード所持罪
③ 不正作出支払用カード電磁的記録供用罪

電磁的記録

刑法第七条の二は、「この法律において『電磁的記録』とは、電子的方式、磁気的方式その他人の知覚によっては認識することができない方式で作られる記録であって、電子計算機による情報処理の用に供されるものをいう」としている。

不正電磁的記録カード所持罪

刑法第一六三条の三の「不正電磁的記録カード所持罪」は、前条第一項の目的（人の財産上の事務処理を誤らせる目的）で、不正に作られた支払用カード（同条三項のカード）を所持した場合に成立する。

「人の財産上の事務処理を誤らせる」とは、不正に作られた電磁的記録を用いることにより、他人の財産上の事務処理を誤らせることをいう。例えば、クレジットカードを使用してキャッシングを受けるなど、支払決済以外の財産的な事務処理も「財産上の事務処理」に当たるのに対し、財産的な事務処理とは無関係な身分確認等のための事務処理にのみ用いる場合には、これに当たらない。

「不正に作られた支払用カード」とは、権限なく、又は権限を濫用して作成された、真正なカードと同一の電磁的記録を有する支払用カードをいい、正規のカードとして機械処理が可能な状態、すなわち、電磁的記録とカード板が一体となったものを意味する。そして、支払用カードには、クレジットカード（代金後払い）、プリペイドカード（前払い）等の「代金又は料金の支払用カード」のほか、郵便局、銀行等の金融機関が発行する預金又は貯金に係るキャッシュカード、すなわち「預貯金の引出用のカード」も含まれる。

不正作出支払用カード電磁的記録供用罪

刑法第一六三条の二第二項の不正作出支払用カード電磁的記録供用罪は、人の財産上の事務処理を誤らせる目的で、不正に作出された支払用カードを構成する電磁的記録を、人の財産上の事務処理の用に供した場合に成立する。

ここにいう「供した」とは、不正に作出されたカードを構成する電磁的記録を人の財産上の事務処理のため、これに使用される電子計算機で用い得る状態に置くことをいい、未遂も処罰される（刑法一六三条の五）。具体的には、偽造のキャッシュカードで現金自動預払機（以下「ＡＴＭ機」という。）から現金を引き出す場合は、同機のカード挿入口にカードを挿入した時に着手が認められ、カードを挿入して、その磁気記録の内容を読取りが可能となった時点で既遂となる。

事例の検討

事例の場合、石田は、安藤から交付を受けたキャッシュカードにつき、スキミングに係る偽造カードであることを認識しつつ、銀行のＡＴＭ機から不正に現金を引き出す目的で所持していることから、不正電磁的記録カード所持罪の刑責を負うこととなる。

また、石田が、原田名義の預金口座から預金を勝手に引き出すために、不正に作出したキャッシュカードをＸ銀行Ｙ支店のＡＴＭ機に差し込んだ行為は、不正作出に係る支払用カードを構成する電磁的記録を、Ｘ銀行の預金引出しの事務処理を誤らせる目的の下に、同銀行の財産上の事務処理に使用される電子計算機に用いたものであるから、石田の当該行為は、不正作出支払用カード電磁的記録供用罪に当たる。

なお、不正電磁的記録カード所持罪と不正作出支払用カード電磁的記録供用罪とは、牽連犯の関係に立つものと解される。

22　有価証券偽造

鈴木は出張のため東京～新大阪間の新幹線乗車券を購入したが、出張予定が変更になったため解約しようとしたが…
丸の内
新幹線特急
あれ？どこへ入れたかなァ
その後、大阪へ出張する機会があり、偶然、失念していた切符が出てきたことから、通用期間を書き換えて使用することにした。
新幹線自由席特急回数券
東京（都区内）
ピィ
鈴木はこれを使用し、駅員に発見された。
出口
新大阪
SHIN-OSAKA
ちょっとお客さん
!!

キーポイント（詐欺罪は別論とする）

① 有価証券偽造罪
② 有価証券の虚偽記入
③ 偽造・変造・虚偽記入有価証券の行使・交付・輸入

有価証券偽造罪

刑法第一六二条は、「行使の目的で、公債証書、官庁の証券、会社の株券その他の有価証券を偽造した者」を有価証券偽造罪として処罰することとしている。

有価証券は、人の経済生活上、大きな役割を演じていることから、虚偽の有価証券の出現は、個人の財産、経済取引にとって大きな脅威であるため、刑法は有価証券を一般文書と区別して厚く保護することとしている。

(1) 有価証券の意義

有価証券偽造罪等の客体たる「有価証券」とは、財産上の権利が証券に表示され、その表示された財産上の権利の行使につきその証券の占有を必要とするものをいう（最判昭32・7・25）。

条文に示された「公債証書、官庁の証券、会社の株券」はその例示である。

有価証券の形式は、無記名式、指図式、指名式を問わない。

約束手形、為替手形、小切手、社債券、貨物引換証、船荷証券、預証券、質入証券のように法律上形式が定められているもののほか、商品券、乗車券、急行券、寝台券、座席指定券、宝くじのように、法律上形式が定められていないものもある。

なお、テレホンカードやオレンジカードなども、券面上に役務の提供を受ける財産上の権利が電磁的方法により記録されて表示されていると認められることから有価証券と解されている（テレホンカードにつき、最決平3・4・5）。

(2) 有価証券の流通性と名義人実在の要否

有価証券は流通性をもつのが常態であるが、そこに表象された財産権の保護を重視するとすれば、流通性は必ずしも有価証券の要件ではないと解され、判例も、競輪車券（名古屋高判昭27・12・22）や指定人に宛てた定期乗車券（最判昭32・7・25）も有価証券であるとしている。

次に、有価証券の名義人は、必ずしも実在することは必要ではなく、一般人をして真正の有価証券であると誤信させるような名義である限り、虚無人・架空人の作成名義を冒用されたもの、例えば、架空人振出名義の約束手形（最判昭30・5・25）でも有価証券であるとされている。

(3) 偽造の意義と程度・方法

有価証券偽造罪における「偽造」は、作成権限のない者が、名義を偽って他人名義の有価証券を作成することである。全く作成権限のない者が他人名義で作成する場合だけでなく、作成権限のある者がその権限の範囲を越えて有価証券を作成するような場合も偽造に当たる。

そして、偽造といえるためには、「外形上一般人をして真正に成立した有価証券であると誤信させる程度の外観」を具えたものを作成することを要し、かつ、その程度で足り（最判昭30・5・25）、その程度に達していれば、記載内容、券面の形式、色彩等が真正の有価証券と一致していなくてもよいとされている。

偽造の方法としては、通常は目的とする有価証券にふさわしい形状の白紙を使用し、これに名義人の表示、その他所要事項を記載すること（原始偽造）であるが、所定の用紙の白地部分に所要事項を補充したり（補充偽造）、すでに失効した有価証券を加工したり（復活偽造）する方法がある。

(4) 偽造と変造の区別

「変造」とは、真正に成立した他人名義の有価証券に対し、その有価証券としての同一性を失わせない限度において、権限なく変更を加えることである。

他人が振り出した手形の振出日付・受取日付を勝手に改ざんする行為等がこれに当たる（大判大3・5・7）。

すなわち、偽造と変造の相違は、それにより新しい権利関係・証拠価値が生じたかどうか、有価証券としての同一性が失われたかどうかによって判断されることになる。

有価証券の虚偽記入

刑法第一六二条第二項は、行使の目的をもって、有価証券に虚偽の記入をする行為も罰することとしている。

「虚偽の記入」とは、作成権限のある者が、その名義を用いて真実に反する記載をすることである。

例えば、手形の裏書・引受・保証（大判大13・5・15）、振出日・支払期日（大判大11・2・24）等に関する真実に反する記載などがその典型である。

偽造・変造・虚偽記入有価証券の行使・交付・輸入

刑法第一六三条第一項は、偽造・変造の有価証券、又は虚偽の記入をした有価証券を行使し、又は行使の目的をもって人に交付し、若しくは輸入した場合を処罰することとしている。

「行使」とは、偽造・変造の有価証券を真正なものとして使用し、あるいは虚偽の内容の有価証券を内容が真実なものとして使用することである。

偽造通貨の行使の場合と違って、流通に置くことは必要でなく、人に呈示し閲覧させるだけで行使の既遂である。

「交付」とは、偽造通貨の場合と同じく、行使以外の交付で、つまり情を知った者に交付することを意味する。被交付者が行使したことは要しない。

事例の検討

事例における鈴木の行為は、通用期間の経過によって無効になった乗車券に記載されている通用期間を書き換えることによって効力を有するようにしたものであり、有価証券偽造罪が成立する。

また、事例において鈴木は、当然に改札口において駅員に呈示していることから、偽造有価証券行使罪も成立する。

23 虚偽告訴

交通機動隊の堀田巡査から酒気帯び運転で取締りを受けた山本は、堀田巡査へいやがらせをしようとして
交通機動隊長宛に、ある投書をした。

あなたの隊の堀田巡査は、警察官という顔をきかせて管内の住民から多額の借金をしたり、知人の駐車違反を見逃したりしている。警察官としてふさわしくない行動を……

調査してくれ！

はっ！

交通機動隊で事実関係を調査したが、全く事実無根であることが判明した。

POLICE

キーポイント
① 虚偽告訴罪
② 虚偽告訴罪の自白

虚偽告訴罪

刑法第一七二条は、「人に刑事又は懲戒の処分を受けさせる目的で、虚偽の告訴、告発その他の申告をした者」を虚偽告訴罪として処罰することとしている。

本罪は目的犯であり、「人に刑事又は懲戒の処分を受けさせる目的」をもって相当機関に対し、「虚偽の申告等」をすることにより成立する。

(1) 人に刑事又は懲戒の処分を受けさせる目的

被申告者たる「人」とは実在人（法人）をいい、架空の人物や存在しない法人、又は自分自身に対する虚偽告訴等は罪とならない。

目的とする「刑事処分」とは、刑罰に限らず、保安処分、少年法による保護処分、売春防止法による補導処分等を含む。

また、「懲戒処分」とは、広く特別の法律関係に基づく制裁（例えば、地方公務員法二九条に基づく懲戒処分等）を意味し、公務員以外の者に対する制裁（弁護士法五六条に基づく懲戒等）をも含むものとされている。

処分を受けさせる「目的」について、判例は、申告者において、被申告者が刑事又は懲戒の処分を受ける可能性を確定的に認識することまでは必要なく、他人が処分を受ける可能性を未必的に認識することで足りるとしている（大判大6・2・8）。また、処分を受けさせることが究極の目的ないし唯一の動機であったことも必要ではないし（大判昭12・4・14）、その目的を遂げたことも必要ではない。

(2) 虚偽の告訴、告発その他の申告

本罪の行為である「虚偽の告訴、告発その他の申告」とは、捜査機関・懲戒機関等の相当機関に対し、書面又は口頭で、形式・名義のいかんを問わず、自ら進んで客観的事実に反する事実を申告することである。

「虚偽」とは、刑事・懲戒処分の原因となる事実が客

観的事実に反することで（最決昭33・7・31）、行為者が申告の内容を虚偽だと信じていても、たまたまそれが客観的事実に合致していれば、本罪は成立しないことになる。

申告内容である虚偽の事実は、無実の者が特定の犯罪行為、職務規律違反行為を犯したことを認知させ、これに対し捜査権・懲戒権の発動を促す程度の具体性をもつことを要する（大判大4・3・9）。

したがって、本罪が成立するためには、申告内容が虚偽であるという認識が必要であるが、これを確定的にまで認識していたことは必要でなく、虚偽かもしれないという未必的認識で足りる（最判昭28・1・23）とされる。虚偽の未必的認識すらなく、真実に合致すると確信していたときは故意を欠き、虚偽告訴罪は成立しない。

虚偽告訴罪の自白

刑法第一七三条は、虚偽告訴罪を犯した者が、申告した事件の裁判確定前又は懲戒処分前に自白したときは、刑を減軽又は免除されることを規定している。本条は、国家の審判作用又は懲戒作用の侵害を未然に防止しようとする政策的な規定である。

自白とは、当該機関に虚偽告訴等の事実を自認することをいうが、これは、裁判確定前又は懲戒処分前になされなければならない。

事例の検討

事例における山本の行為は、取締りを受けたことに対するいやがらせのために投書したものであるが、堀田巡査の非行の事実をあげ、警察官としてふさわしくないと申告したのであるから、少なくとも堀田巡査が懲戒処分を受けるかもしれないという認識があったと認められ、虚偽告訴罪が成立する。

24 わいせつ物頒布等

レンタルビデオショップを経営している藤井は、男女の性交場面がノーカットで収録されているビデオを大量にダビングして、希望する客に販売して儲けようとした。

特別なものを希望する方は申し出てください
あの貼り紙のビデオだけど……

1巻1万円だよ。

コト

キーポイント

① わいせつ物頒布等
② 本罪の故意

わいせつ物頒布等

刑法第一七五条は、第一項で「わいせつな文書、図画、電磁的記録に係る記録媒体その他の物を頒布し、又は公然と陳列した者は、……電気通信の送信によりわいせつな電磁的記録その他の記録を頒布した者も……」、第二項で「有償で頒布する目的で、前項の物を所持し、又は同項の電磁的記録を保管した者も、……」わいせつ物頒布等の罪で処罰することとしている。

本条は、憲法上保障される表現の自由（二一条）、学問の自由（二三条）との関係で、その合憲性が問題となったが、最高裁はチャタレー事件において「性秩序を守り、最小限度の性道徳を維持することが公共の福祉の内容をなすことについて疑問の余地がない」（最判昭32・3・13）として本条の合憲性を認めている。

(1) わいせつの概念

わいせつの概念について判例は、「いたずらに性欲を興奮又は刺激せしめ、かつ、普通人の正常な性的羞恥心を害し、善良な性的道義観念に反するもの」（最判昭26・5・10）であるとしている。このわいせつ性の判断基準については、一般社会通念と性行為非公然の原則から判断されるとしており、具体的にはわいせつな表現の仕方、性行為の公然表示、露骨詳細な描写、大胆・微細な描写などから判断されることとなる。

(2) 客　体

本罪の客体は、わいせつな文書、図画、電磁的記録に係る記録媒体その他の物である。

ここにいうわいせつな文書とは、いわゆる春本、エロ本の類であるが、俗悪な娯楽雑誌や新聞もこれに該当することがあり得る（大阪高判昭25・6・20）。

わいせつな図画とは、いわゆる春画、エロ写真、ブルーフィルム、アダルトビデオの類である。

また、未現像のわいせつフィルムについて、判例は、「淫ぴな動作で男女性交の姿勢を実演させて撮影した映画フィルムは、まだ現像しないものであっても、既にわいせつ性を帯びており、……未現像のままでも頒布、販売が可能であるから、……わいせつの図画に当たる。」（名古屋高判昭41・3・10）としている。

さらに、ＩＴ機器等の進展に伴い、解釈上の疑義が生じないよう、わいせつ物の中に「（わいせつな）電磁的記録に係る記録媒体」を確認的に明示している（平成二三年改正）。ここにいう「電磁的記録」とは、電子的方式・電磁的方式その他人の知覚によっては認識することができない方式で作られる記録であって、電子計算機による情報処理の用に供されるものをいう。

わいせつな物とは、わいせつな形状や図柄を表わした彫刻、人形、置物とか、わいせつな会話、音声を録音したテープなどである。

(3)　行　為

わいせつ物等を頒布、公然陳列したり（一項）、有償で頒布する目的で所持し、又はわいせつな電磁的記録を保管すること（二項）などである。

頒布とは有償・無償を問わず、不特定又は多数に対して配布することをいうが、特定・多数の者に交付した場合でも、それが不特定多数の者に配布されるであろうことを予見して交付すれば頒布となる。平成二三年改正に際し、旧条文前段から「販売し」の文書が削除されたが、これは「頒布」に「販売」が含まれることとなったからで、「販売」として処罰してきた行為を処罰しないという趣旨ではない。従来、「販売」とは不特定又は多数の者に対し有償で所有権を移転させる行為を意味すると解されていたが、現在では、電磁的記録自体を頒布する場合や、有体物としてのわいせつ物を有償でレンタルする場合のように、所有権の移転を伴わずに拡散させる行為が容易に行われることとなったからである。また、改正前の本条前段では、客体について「わいせつな文書、図画その他の物」と規定され、その対象が「物」とされていたことから、例えば、電子メールでわいせつな画像を不特定又は多数の者に送信して取得させるなどの行為については、その適用の可否について裁判例が分かれていたが、このような行為は、実質的にみて、有体物としてのわいせつ物を頒布する行為と違法性の点で何ら変わらないといえることから、そのことを明確にするため、第一項後段において、「電気通信の送信によりわいせつな電磁的記録その他の記録を頒布」する行為を処罰対象として規定された。

公然陳列とは、有償・無償を問わず、不特定又は多数の人が観覧することができる状態に置くことである（大判大15・6・19）。

有償頒布目的所持とは、有償頒布の意思で自己の事実上の支配下に置くことであるが、必ずしも身につけていることは必要でなく、他の場所に蔵置している場合も所持に当たる。また、電磁的記録の保管とは、電磁的記録を自己の実力支配内に置くことをいう。

本罪の故意

本罪の故意としては、その目的物のわいせつ性の認識が必要である。判例は、わいせつ文書頒布（販売）の故意の成立について、問題となる記載の存在の認識とこれを販売することの認識があれば足りる（最判昭32・3・13）としている。すなわち、その物がわいせつ物等であるという認識があればよく、わいせつ物等に当てはまるかどうかという判断までは必要ではない。

事例の検討

事例における藤井の行為は、わいせつ図画たるいわゆるアダルトビデオを希望する不特定・多数の客に販売したのであるから、わいせつ物（図画）頒布罪が成立する。

なお、第二項の有償頒布目的所持罪も成立するが、これらの罪は包括一罪となる。

25　贈賄・収賄

○○出入国在留管理局在留資格審査室　倉田係長
従業員として使っている不法就労外国人をこのままにしておくとまずいので
正規の就労資格を持っている外国人であるように、在留カードを作ってくれないか。
倉田の友人　関口
これは彼の写真だ。
こっちはほんの謝礼だ。受け取ってくれ。
50万円……。
倉田は預かった写真を使用し、法務大臣作成名義の在留カード一枚の作成手続を行い、
関口にそのカードを、手渡した。

キーポイント（文書偽造等は別論とする）
① 贈・収賄の意義等
② 収賄罪
③ 贈賄罪

贈・収賄の意義等

贈・収賄罪の法益は公務の不可買収性であり、処罰の目的は公務の公正に対する国民の信頼の維持にある。贈・収賄罪は、公務員による収賄罪と、公務員に対する贈賄罪とに分かれ、行為の態様等により成立する罪が異なってくる。

収賄罪は、単純収賄罪を基本とし、刑を加重したものに受託収賄罪と加重収賄罪があり、成立要件を拡張したものに事前収賄罪、第三者供賄罪、事後収賄罪、あっせん収賄罪がある。

⑴ 主　体

収賄罪の主体は、「公務員」であり、本罪は真正身分犯である。

ただし、事前収賄罪では公務員となろうとする者、事後収賄罪では公務員であった者であることを要する。

「公務員」とは、刑法第七条に規定されている「国又は地方公共団体の職員その他法令により公務に従事する議員、委員その他の職員」をいう。

⑵ 客　体

贈・収賄罪の客体は、「賄賂」である。賄賂は、職務に関する行為の対価としての不法な利益、報酬をいい、賄賂罪が成立するためには、賄賂と職務行為とが給付と反対給付という対価関係にあることを要する。

○　職務関連性の有無

賄賂罪においては、公務員が「職務に関し」賄賂の授受等がなされるという賄賂と職務との関連性がなければならない。ここにいう「職務」は、公務員がその地位に伴い公務として取り扱う執行を意味する。

その範囲は、原則として法令によって定められているものになるが、法令にその根拠を有すれば足り、内規などで決められているだけでもよいし、上司の指揮監督の下に補助的に行う職務でもよい（最判昭28・10・27）。

また、本来の職務行為に限らず、本来の職務行為と「密接な関係を有する行為」でもよい。

例えば、議員がある議案について賛成を得るため他の議員を勧誘する行為（大判大2・12・9）などがこれに当たる。

○　賄賂の目的物

賄賂の目的物は、人の需要若しくは欲望を満足させることができるものであれば、物質的利益、精神的利益を問わない（大判明43・12・19）。

賄賂の代表的なものは、金銭、有価証券等のいわゆる金品であるが、金銭消費貸借、債務の弁済、酒食の饗応、異性間の情交、公私の職務その他有利な地位や就職のあっせんなども賄賂となり得る。

(3)　行　為

贈・収賄罪における行為は、賄賂の収受、供与、要求、申込、約束である。

「収受」とは、収賄者が賄賂を受け取ることで、有形の財物の場合には、その占有を取得したときに、無形の利益の場合にはその利益を現実に享受したときに収受となる。

「供与」とは、交付と同じ意味で、贈賄者が賄賂を現実に受け取らせることをいう。相手方が収受しなければ申込みにとどまる。

「要求」とは、収賄者が相手方に対し、賄賂の供与を進んで求めることである。相手方が応じない場合又は応じても故意がなかった場合だけが要求である。

「申込」とは、贈賄者が賄賂の収受を促すことである。単なる口頭による申出で足り、必ずしも現実に相手方が収受し得る状態におくことを要しない。

「約束」とは、収賄者と贈賄者との間において、賄賂の授受についての合意をすることである。賄賂としての利益は、必ずしも約束時に現在することを必要とせず、後日それを授受すべきことが予期されていればよい。

収賄罪

収賄罪は、その態様により、次の種類のものがある。

○　単純収賄罪（刑法一九七条一項前段）

公務員が、その職務に関し賄賂を収受等する罪で、収賄罪の基本形態である。公務員が、請託を受けたり、不正の行為をしなかった場合にのみ成立する。

単純収賄は、過去の正当な職務行為に対する事後の対価、報酬として賄賂を収受等する場合と、将来期待される職務行為に対する事前の対価・報酬として供与された賄賂を収受等する場合とがある。

○　受託収賄罪（刑法一九七条一項後段）

公務員が、その職務に関し請託を受けて賄賂を収受等する罪である。

請託を受けた場合は、職務の公正に対する社会の信頼を強く害するので、単純収賄罪よりも刑が加重されている。

○　事前収賄罪（刑法一九七条二項）

公務員となろうとする者が、その担当すべき職務に関し請託を受けて賄賂を収受等する罪である。

本罪の賄賂は、公務員となろうとする者の将来担当すべき職務と対価関係をもつものでなければならないから、公務員に「なろうとする」ことについては、単なる希望程度では不十分で、相当程度の蓋然性がなければならない。

○　第三者供賄罪（刑法一九七条の二）

公務員がその職務に関し請託を受けて第三者に賄賂を供与させ、又はその供与を要求・約束する罪である。

「第三者」とは、公務員以外の者で、自然人・法人・法人格のない社団のいずれでもよい。ただし、その公務員の妻子、使用人、その他生活上の利害を共通にする者に賄賂を供与させた場合には、公務員自身の収賄とみなされる。

○　加重収賄罪（刑法一九七条の三第一項、第二項）

加重収賄罪は公務員が、収賄の罪を犯し、よって不正の行為をし、又は相当の行為をしなかった場合や、その逆の場合に成立し、収賄したこととの反対給付として故意に職務違反の行為をする点に強い違法性があるので刑が加重されている。

○　事後収賄罪（刑法一九七条の三第三項）

公務員であった者が、その在職中請託を受けて職務上不正の行為をし、又は相当の行為をしなかったことに関して賄賂を収受等する罪である。

○　あっせん収賄罪（刑法一九七条の四）

公務員が、請託を受け、他の公務員をしてその職務上不正の行為をさせ、又は相当の行為をさせないようにあっせんをすること、又はこのようなあっせんをしたことの報酬として、賄賂を収受等する罪である。

「請託」とは、他の公務員の職務違反行為のあっせんを依頼することで、「あっせん」とは、他の公務員の職務違反行為を仲介・依頼することである。

贈賄罪（刑法一九八条）

贈賄罪は、前述の各収賄罪に規定する賄賂の供与、申込、約束をする罪である。

贈賄罪は、収賄罪の各類型に対応し、賄賂の供与や申込に相手方公務員が応じなかった場合とか、応じても故意がなかった場合を除き、贈賄罪と収賄罪は不可分の関係に立つ。

このような犯罪を「必要的共犯」あるいは「対向犯」という。

「供与」、「申込」、「約束」とは、前述のとおりであり、賄賂の申込とそれに基づく供与、賄賂の約束とそれに基づく供与はいずれも賄賂供与の一罪として評価される。

事例の検討

事例における公務員である○○出入国在留管理局職員倉田は、不正な行為をした報酬として賄賂を受け取っていたのであるから、加重収賄罪に当たる。

また、関口は、公務員たる倉田の職務違反行為に対する報酬として現金を倉田に収受させたのであるから、贈賄罪が成立する。

26 殺人

暴走族の和夫は、実父の清と同居しているが、平素から不仲で口論が絶えなかった。

ある晩和夫は、清を殺害するため、致死量以上の青酸ナトリウムを清が毎日晩酌する一升びんの中に混入した。

うるせえ親父だ。いっそのこと…

うぐぐ……

清は、これが原因で、即死状態で死亡した。

キーポイント

①　殺人罪の客体
②　殺人罪の実行行為（着手時期、既遂時期）
③　尊属加重規定の全廃

殺人罪の客体

殺人罪の客体は、生命ある自然人である。生命ある自然人とは、出生から死亡に至るまでの間、すなわち、生産児として身体の一部が母胎から露出したとき（一部露出説）から、心臓の鼓動が永久的に停止したとき（脈搏終止説）までをいう。

したがって、生産児が生活機能を備えて母胎からその一部を露出した以上、まだ完全に呼吸を始めていなくとも、あるいは、たとえ仮死の状態であったとしても本罪の客体となる。また、本罪の客体たる人は、犯人の犯行当時において生活機能を保有していれば足り、早産のために発育不良で将来成長の希望のない嬰児であっても、ひん死の傷病者、老衰した高齢者、奇形児等であってもよい。

人の死期については、

○　心臓の鼓動が永久に停止したときとする脈搏終止説
○　呼吸が永久に停止したときとする呼吸終止説
○　生活能力が終止したときとする生活能力終止説

などがあり、前述の脈搏終止説が通説・判例である。

近時、臓器移植を巡って、「脳死」を人の死と認めたらどうかという論議が高まり、平成四年一月二二日、政府の「脳死臨調」は最終答申の中で、脳死は「社会的・法的にも人の死とすることは妥当で、社会的にも受容されている」と結論付けている。こうした経緯を踏まえ、平成二一年七月一七日、脳死を人の死とする「臓器の移植に関する法律の一部を改正する法律」が公布された。しかし、同法は臓器の移植に関連して脳死判定や臓器摘出等の手続等について定める法律であって、臓器移植以外の場面について、一般的な脳死判定の制度や統一的な「人の死」の定義を定めるものではないので、臓器移植以外の場面において、当然に脳死が人の死として取り扱われることはない。

殺人罪の実行行為

殺人罪の実行行為は、その手段、方法のいかんを問わず、射殺、撲殺、絞殺、毒殺等、およそ他人の生命を断絶し得る手段、方法を用いた一切の行為について、本罪の実行行為が認められる。

また、殺人罪は、作為に限らず不作為によって実行することも可能である。例えば、幼児を養育する義務を負う母親が、殺意をもってことさらその生存に必要な食物を与えず、これを餓死させたような場合である（大判大4・2・10）。

不作為による殺人罪が成立するためには、その者に被害者を保護すべき法的作為義務のあることが前提となる。

(1) 着手時期

殺人罪の実行の着手時期は、行為者が殺意をもって他人の生命を危険な状態にする行為を開始したときである。

一般的には、例えば、殺人の意思で相手に対し、銃のねらいを定めるとか、刀を振りかざすなどの行為を開始したときに着手があったとされる。

毒殺の方法を用いるような場合には、一般的な殺人の方法とは異なり、行為を開始してからその結果が発生するまでにかなりの時間的経過を要することが少なくないことから、行為のどの段階において殺人の実行の着手が認められるかが問題となる。

特定人の殺害を目的とした事案について、判例は、次のように判示している。

○ 毒物を混入した食物を食器に盛り、被害者の食膳に供したとき（大判明37・6・24）
○ 毒物混入のまんじゅうを交付したとき（大判昭7・12・12）
○ 毒殺の目的で毒物を郵送し、被害者が毒物を受領したとき（大判大7・11・16）

(2) 既遂時期

殺人罪は、殺人の実行行為に基づいて、被害者の死亡という結果が発生したときに既遂となる。

なお、この場合、殺人の実行行為と、被害者の死亡という結果との間に、因果関係があることが必要である。

尊属加重規定の全廃

平成七年六月一日施行の改正刑法において、尊属加重規定が全廃された。

改正前の刑法には、尊属殺、尊属傷害致死、尊属遺棄及び尊属逮捕監禁の四つの尊属加重規定があり、被害者が犯人又はその配偶者の直系尊属である場合に、科し得る刑の範囲を通常の場合よりも重くしていた。

しかしながら、尊属殺の規定について、昭和四八年四月四日、最高裁判所は、「尊属殺人は、普通の殺人に比べ一般より強い社会的非難を受けるものであるから、より重く処罰してもあながち不合理とは言えないが、法定刑が死刑、無期懲役に限られているのは、あまりにも厳しく、この点で憲法の保障する〝法の下の平等〟に反する。」と判示して違憲の判断を示した。

また、実際の裁判においては、人倫にもとる非道な事案については厳しく対応されているとともに、一方で被告人に酌むべき点の多い事件が少なからずあるのが実情であった。

これらの点を考慮すると、それぞれの事案に応じて適切な量刑をすることが相当であって、尊属殺規定は削除されることになった。

そして、尊属殺規定を削除するならば、他の尊属加重規定をそのまま存置することはバランスを欠くことから、すべて削除されることとなった。

事例の検討

事例の場合、和夫は、殺人の故意をもって実父、清を毒殺したわけであるが、尊属加重規定が全廃されたので、殺人罪の刑責を負う。

27 傷害

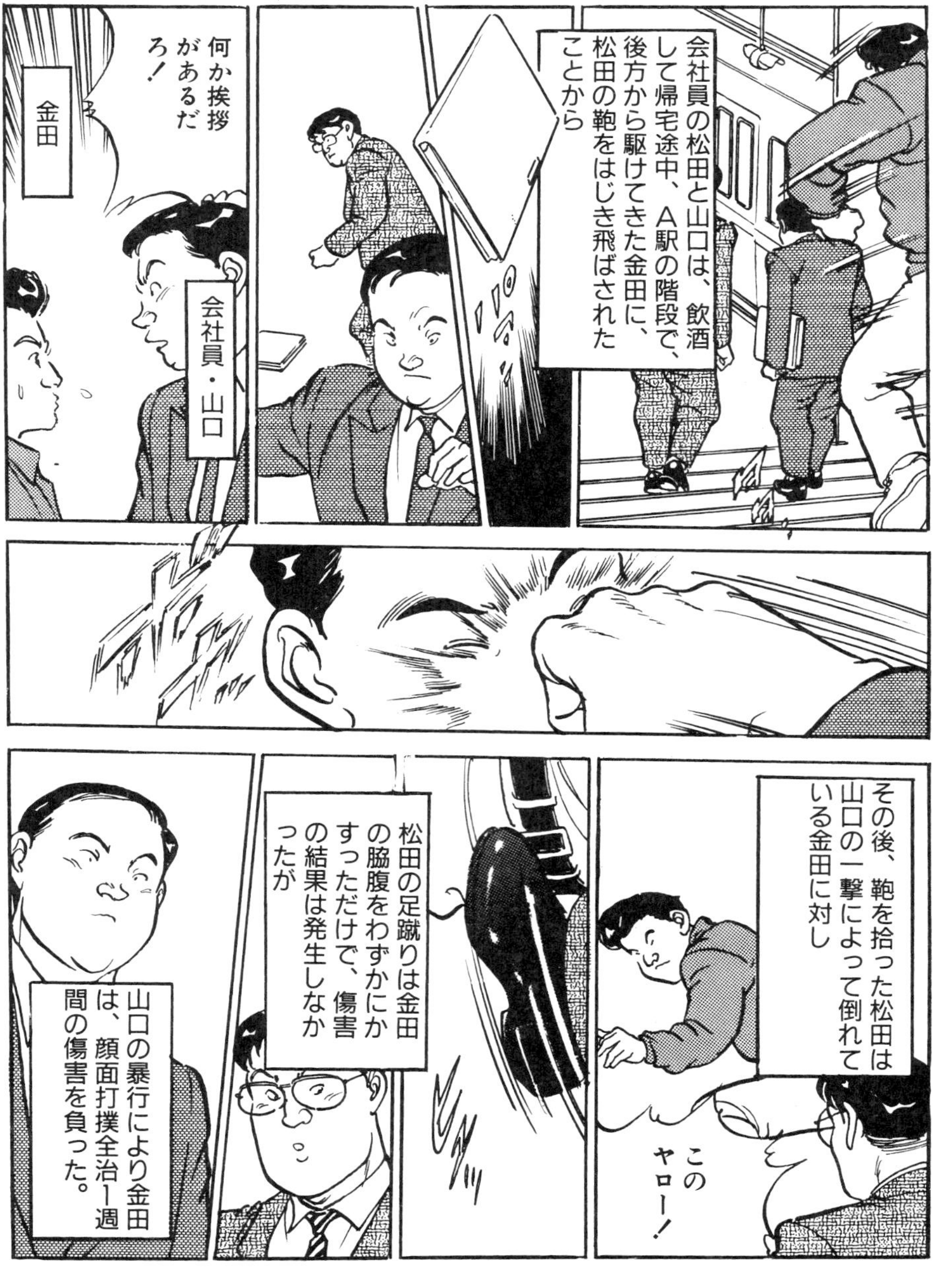
会社員の松田と山口は、飲酒して帰宅途中、A駅の階段で、後方から駆けてきた金田に、松田の鞄をはじき飛ばされたことから
何か挨拶があるだろ！
会社員・山口
金田
その後、鞄を拾った松田は山口の一撃によって倒れている金田に対し
このヤロー！
松田の足蹴りは金田の脇腹をわずかにかすっただけで、傷害の結果は発生しなかったが
山口の暴行により金田は、顔面打撲全治1週間の傷害を負った。

キーポイント
① 傷害の意義
② 故意からみた傷害の形態
③ 同時傷害

傷害の意義

傷害の意義については、次のような学説がある。
○ 人の身体の完全性を害することとする説
○ 人の生理的機能に障害を与えることとする説
○ 人の生理的機能に障害を与えること及び身体の外貌に重要な変化を加えることとする折衷説

判例の立場は必ずしも明確ではないが、おおむね生理機能障害説によるものと解されている（最決昭32・4・23）。判例によれば、疲労倦怠若しくは胸部の疼痛（大判大11・10・23）、精神衰弱症の惹起（東京地判昭54・8・10）、詐言による病毒の感染（最判昭27・6・6）、身体表皮の剝離（大判大11・12・16）、眼の充血、周辺の腫脹（大判明43・4・4）なども傷害に当たるとされている。

これに対し、日常生活において社会通念上看過される程度の極めて軽微な損傷は、構成要件的に傷害とはならない。例えば、髪の毛一本を抜き取ったり、爪の端を切り取ったり、また、他人を一時的に人事不省に陥らせても、後日、精神状態に何らの障害を残さないような場合には、傷害罪は成立せず暴行罪となる。

故意からみた傷害罪の形態

傷害罪を故意からみた場合、次の二つの形態に分けられる。

○ **暴行罪の結果的加重犯としての傷害罪**

単に暴行の故意をもって暴行し、その結果として傷害を発生させた場合であり、傷害が発生しなければ当然に暴行となる。

○ **故意犯としての傷害罪**

傷害の故意で暴行又はその他の方法により傷害を発生させた場合であり、傷害の故意で暴行を加えたが傷害が発生しなかった場合は、傷害未遂の規定がないことから、暴行罪のみが成立する。

同時傷害

二人以上の者が、意思の連絡なしに同一人に暴行を加えた結果、傷害を負わせたが、いずれの者の暴行によって当該傷害が発生したのか不明であるという場合には、本来であれば、各暴行行為者とも暴行罪の範囲の刑責を負い、現実には傷害の結果が発生しているのにもかかわらず傷害罪の刑責を負うことはない。しかし、刑法第二〇七条は、「二人以上で暴行を加えて人を傷害した場合において、それぞれの暴行による傷害の軽重を知ることができず、又はその傷害を生じさせた者を知ることができないときは、共同して実行した者でなくても、共犯の例による。」と規定している。

つまり、二人以上の者が、同時又は極めて接近した時期に、同一客体に対して暴行を加え、傷害が発生した場合は、各行為者と傷害との結び付きの立証が困難なことが多いことから共犯の例による旨を定め、暴行を加えたすべてを共同正犯の規定を適用して処断することとし、立証の困難性を救済したものである。

しかし、相互に意思の疎通のない複数の者の同一人に対する暴行によって、その者に傷害を負わせたとしても、その傷害の結果がどの者の暴行行為によるものかが明らかな場合には、同時傷害罪は適用されない。

事例の検討

事例の場合、山口は、金田に対して顔面を殴打する暴行を加え、その結果、顔面打撲により要加療一週間の傷害を与えているのであるから、傷害罪の刑責を負うことに問題はない。しかしながら、松田の足蹴りは金田の脇腹をわずかに触っただけで、傷害の結果が発生していないということであるから、松田は傷害罪の刑責は負わず、暴行罪の刑責を負うこととなる。

なお、松田と山口の各暴行行為は、時間的、場所的に極めて接近して行われているが、金田の傷害は、山口の暴行によることが明らかであるから、刑法第二〇七条の同時傷害は適用されない。

28 暴行

トラック運転手の竹内は前方を走っている長田正子の運転する乗用車がノロノロしているのに腹を立て、驚かそうと思い
長田が駐車しようとしているのを見て、その車の正面に回ってUターンし、猛スピードで長田の車に向かって発進し、その1メートル手前で急停車させた。
ISUZU
キャア！
もう一丁やったるか
長田が車内でおびえている様子がおもしろくなり
同じ行為を3回繰り返して、長田をすっかり畏怖させた。

キーポイント
① 暴行の概念
② 暴行罪にいう暴行の態様

暴行罪の概念

暴行とは一般に、有形力（物理的な力）の不法な行使を意味するが、刑法各条における暴行の概念は、対象や程度によって異なり、次のように分けられている。

○ 最広義の暴行
対象を定めず、不法な有形力が行使されるすべての場合を含むもので、有形力の行使自体が共同社会の生活秩序を侵害すると考えられる場合である。この最広義の暴行は、人に対すると物に対するとを問わず、不法な有形力の行使の一切をいい、内乱罪、騒乱罪などにおける暴行がこれに当たる。

○ 広義の暴行
人を対象として不法な有形力が行使される場合であるが、必ずしも直接的に人の身体に加えられることは必要ではない。直接には物に対するものであってもよいが、この場合は物に対する有形力が、人の身体に対して物理的に感応を与えることによって、間接的に人に対する有形力の行使としての意味を持ち、そのために結局は人に対するものと評価されることを要する。公務執行妨害罪における暴行がこれに当たる。

○ 狭義の暴行
最も典型的な場合であり、人の身体に対する有形力の行使を意味し、物に対する場合が除外される。暴行罪における暴行がこれに当たる。

○ 最狭義の暴行
人の反抗を抑圧、又は困難ならしめる程度に強度な、人の身体に対する有形力の行使を意味する。強盗罪、強制性交等罪における暴行がこれに当たる。

暴行罪にいう暴行の態様

人に対する暴行の態様としては、通常、殴る、蹴る、突く、押す、引くなど、人の身体に直接的な不法な攻撃を加える形態で行われるが、必ずしも、このような物理的な力の行使でなくても暴行とされる場合がある。

○　有形力の行使たる暴行

暴行罪にいう暴行は、人の身体に対する有形力の行使をいうが、有形力が直接人の身体に触れることは必要でなく、一般社会通念に照らして、実害の危険が大きく、相手方に激しい精神的動揺を与える類いの行為であれば、暴行となる。例えば、狭い室内で日本刀を振り回す行為や、人を驚かす目的でその数歩手前をねらって投石し、相手方に命中しなかった行為、他の車両の運転手にいやがらせのため、いわゆる幅寄せをする行為等は、いずれも暴行に当たる。

また、ここにいう有形力とは、広義の物理的な力を意味し、いわゆる暴力の行使に限らず、光、熱、電気、臭気、音等のエネルギーを作用させること、あるいは、病原菌、毒物、腐敗物、麻酔薬などによる化学的、生理的作用についても、広義の物理力、すなわち有形力の一種として暴行の概念に含まれるとされている。

○　物理的な力の行使によらない暴行

例えば、腐った丸木橋の上を渡らせて転落させるといった、人の錯誤、不知に乗じて不法な行為をする、いわゆる「詐欺誘導」は被害者の行為を利用した暴行罪の間接正犯となる。また、みだりに催眠術を施すことは、相手方の承諾がある場合は格別、偽計手段を用いたり、未成年者の知慮浅薄又は人の心神耗弱に乗ずるなど、施用者が被施用者の意に反したり、客観的にみて苦痛を伴うなど行動の自由が拘束されているような場合には、暴行罪に当たるとされている。

事例の検討

事例の場合、竹内は、長田を驚かせてやろうと考えて、自己の運転するトラックを急発進させ、同女の乗車する車両に急接近して、その直近で急停止する行為を繰り返したというものである。したがって、竹内の行為は、相手の数歩手前をねらって投石する行為や、高速道路での幅寄せ行為と同様に、一瞬の判断と運転操作を誤れば直ちに自車を長田の車に激突させて同女の生命・身体を害しかねない具体的危険性をはらむ物理力の不法な行使であり、暴行罪に当たる。

29　凶器準備集合

暴力団広島組は、かねてから隣接する暴力団岡山会と対立し、何かにつけて抗争を繰り返していた。

おい、岡山会の事務所に、拳銃が撃ちこまれたらしい！

岡山会の奴ら俺たちの仕業と思って、報復に来るかも知れんぞ！

広島組の3人の組員は、襲撃があった場合に迎え撃つため、事務所にあった木刀2本とアイアンのゴルフクラブを、すぐに使えるよう、事務所入口に立て掛けておいた。

数時間後、視察警戒に立ち寄った警察官が木刀の存在を認めて質問したところ
これはどういうことだ？

岡山会の奴らが殴り込んできたら、これで叩きのめすんだ！

キーポイント
① 共同加害の目的
② 凶　器
③ 凶器の準備等
④ 集　合

共同加害の目的

凶器準備集合罪は、二人以上の者が、他人の生命、身体又は財産に対して共同して害を加える目的で集合した場合において、凶器を準備して集合し、又は、凶器の準備があることを知って集合した場合に成立する犯罪である。

本罪にいう「共同加害の目的」とは、広く共同正犯と認められる形態によって、加害行為をなす目的があれば足り、必ずしもその加害行為を現場において共同して行う目的は必要としないと解されており、本罪はいわゆる共謀共同正犯の形をとる場合も含むものとされている。

集合した二人以上の者が、このような加害行為の目的を持っていることを要するが、これは、必ずしも集合前にそのような目的を持っていることは要せず、集合後にその目的が生じた場合でもよいとされている（最決昭45・12・3）。

また、加害行為の目的は、いわゆる殴り込みなどのような積極的なものに限られず、もし相手が襲撃してきたならばこれを迎撃し、共同して相手を殺傷しようとする消極的な共同加害の目的であってもよいとされている（最決昭37・3・27）。

そして、このような迎撃形態の凶器準備集合罪の場合には、本罪が抽象的危険犯であることから、必ずしも相手から襲撃の蓋然性ないし切迫性が客観的状況として存在することは必要でなく、凶器準備集合の状況が社会生活の平穏を害し得る態様のものであれば足りるとされている。

また、相手方の行為その他の事情を条件として、ある一定の条件に至れば加害行為に出ようとする目的の場合でも足りるとされている（大阪高判昭39・8・

11）。

このような共同加害の目的は凶器を準備して集合した時点における客観的状況、犯人のその前後の行動などを総合して認定することになる。

凶　器

凶器準備集合罪にいう「凶器」とは、人を殺傷すべき特性を有する器具をいい、銃砲、刀剣類などのいわゆる性質上の凶器のみならず、ハンマー、鉄棒などの用法上の凶器も含むとするのが通説・判例（東京高判昭46・7・9）である。

しかし、用法上の凶器すべてが本罪にいう凶器に当たるわけではなく、その凶器が「社会通念に照らし、人の視聴上直ちに危険の感を抱かしむるに足るもの」であるかどうかがその判断基準となる。

具体的には、凶器の大きさ、数量、形状、性質、用途、さらに、これを準備した集団の人数、性格、目的、携行状況、既往の活動状況、その他具体的事情を総合的に勘案して判断しなければならない。

したがって、ステッキ、なわ、手ぬぐいなどは本罪の凶器とはいえないが、例えば、コンクリート塊、竹ざお、火炎びん、石塊、コーラの空きびん等は凶器に当たるといえる。

また、判例では、極左暴力集団が警察部隊を襲撃する加害意図で所持していた、長さ一メートル前後の角棒は、本罪にいう凶器に当たるとしている（最判昭45・12・3）。

凶器の準備等

本罪にいう凶器を「準備して」とは、必要に応じていつでも加害行為に使用し得る状態におくことをいう（東京高判昭39・1・27）が、準備した場所と集合した場所とが同一である必要はないが、加害行為に使用することが不可能又は著しく困難な場所にあるときは、ここにいう準備したことには当たらない。また、「準備して」とは、集合前に自分で準備することをいうが、集合後に準備した場合も同じである。

「準備があることを知って」とは、凶器が準備されていることを認識していることをいい、その認識は、確定的なものである必要はなく未必的認識で足りる。

したがって、凶器の準備されていることを知った場合には、すみやかにその集合体から離脱しない限り同罪の刑責を負うことになる。

集　合

集合とは、二人以上の者が共同の行為をする目的で一定の時刻、一定の場所を同じくして集まることである。

また、集合ということは、必ずしも場所的に移動することまで必要でなく、既に時と場所を同じくする二人以上の者が共同の目的を有するようになり、それによって社会的に一個の集合体とみられるに至った場合も集合である（広島高松江支判昭39・1・20）。

事例の検討

事例の場合、広島組の三名は、岡山会の襲撃に備えて、木刀やアイアンのゴルフクラブを準備したわけであるが、これらの木刀やアイアンのゴルフクラブは、いずれも、用い方いかんによっては人を殺傷し得る形状と機能を備えており、本罪にいう凶器に当たると解される。

また、広島組の三名は、他所から組事務所に来集したものではないが、警察官の質問に対し「岡山会のやつらが来たら、これでたたきのめしてやるんだ」などと答えていることから明らかなとおり、岡山会組員が襲撃してきた場合にはこれを迎撃するとの共同加害目的を持って、事務所内の木刀とアイアンのゴルフクラブを直ちに凶器として使用することができるよう事務所出入口に置いたものである。

そうすると、広島組の三名は、共同加害を有する一個の集合体を形成したと認められ、本罪の「集合した者」に当たると解される。

したがって、広島組の三名は、凶器準備集合罪の刑責を負う。

30 遺棄

道子は以前から中島と愛人関係にあったが、2人の関係を知った中島の妻が家出したのをチャンスと考え
中島と結婚するつもりで、中島及び彼の実子である4歳になる茂と共同生活を始めた。
ところが茂は道子になつかないことから、道子はその存在が、疎ましくなった。
1週間後
お母さんに会わせてあげるからね
いい、ここで待ってるのよ。
交通頻繁な道路に面した児童公園内に茂を立たせ、立ち去った。
児童公園には子供を連れた母親らが5組くらい遊んでいた。

キーポイント
① 遺棄罪の主体
② 遺棄罪の客体
③ 遺　棄

遺棄罪の主体

遺棄罪は、老年、幼年、身体障害又は疾病のために扶助を必要とする者を遺棄することによって成立するが、その主体により、単純遺棄罪と保護責任者遺棄罪とに分けられる。すなわち、被遺棄者に対して保護責任のない者が行う遺棄行為は単純遺棄罪（刑法二一七条）に当たり、保護すべき責任ある者の遺棄行為が保護責任者遺棄罪（刑法二一八条）に当たる。

保護責任者遺棄罪にいう「保護する責任のある者」とは、法律上、老年者、幼年者、身体障害者又は病者を保護すべき責任を負う特別の地位にある者をいう。保護責任は、法律上の責任でなければならず、単なる事実上の責任では足りない。しかし、保護責任の根拠が直接法令の規定にあると契約にあるとを問わないし、事務管理にあると条理にあるとを問わない。

遺棄罪の客体

保護責任者遺棄の客体は、老年者、幼年者、身体障害者又は病者であるが、この意味は、単純遺棄罪における「老年、幼年、身体障害又は疾病のために扶助を必要とする者」と同じものであると解されている。

老年、幼年については、ともに年齢の制限はない。なぜなら、他人の扶助を受けずに独立して生活し得る能力を有しない老年者、幼年者を年齢的に一律に制限することは適当でなく、本人の心身の状況、及びその環境における生存競争の難易その他の事情を考慮してその能力の有無を判断すべきものであるとされている。特に老年者については、個人差が著しいので抽象的な年齢の決定は無意味である。ただ、幼年者については、ある程度の限定が可能であり、学説では、少なくとも七、八歳未満の者などは一般に扶助を要すべき幼年者と解してよいとされているが、判例上では二歳の幼児、四歳の幼児について、ここにいう幼年者に当たるとしている（大判大5・2・12）。

遺　棄

保護責任者遺棄罪の行為は、「遺棄」又は「その生存に必要な保護をしなかった」ことであるが、ここにいう遺棄とは、被遺棄者を従来の場所から生命・身体に危険な他の場所に移転するほか、被遺棄者を生命・身体に危険な場所にそのまま遺棄して立ち去るような、いわゆる置き去りを含むとされている。

そして、遺棄の罪の危険犯としての性格を徹底して、他人による保護が十分予見できる場合においても、抽象的にその生命・身体が危険にさらされるならば、犯罪の成立を認めるべきであろうとされている。

事例の検討

事例の場合、茂が保護責任者遺棄罪の客体となることに問題はない。さらに、道子は、茂の父親中島と同棲関係に入って一週間にわたり共同生活を営んでいること、道子と中島との同棲が、将来の結婚を前提とした永続的な関係であること、道子と中島が、茂を施設その他の第三者に預ける等の特段の措置をとろうとしていなかったことなどの事情があることから、道子には、条理上、茂に対する保護責任があると解される。

また、茂は、児童公園内に置き去られたもので、同公園内で子供を遊ばせていた母親等に保護される可能性も認められる。しかし、だれにも保護されず、茂が道子あるいは、いるはずのない実母を探すため、同公園を出て、道路を歩いて交通事故に遭う危険性もあるわけであるし、公園内の他の母親が茂を確実に保護するという可能性は認められない。つまり、たとえ道子に、だれかが茂を保護してくれるだろうという意識があったとしても、茂を児童公園内に置き去った行為は、茂の生命・身体に対する抽象的危険を有するものであるといえる。

したがって、道子は、保護責任者遺棄罪の刑責を負うこととなる。

31　逮捕監禁

東西デパートの警備員谷山は主婦の春美が万引したのを見つけたが、警察官に引き渡すつもりはなく
帰らせてください！
ご主人や警察に知らせるよ！
2時間にわたって警備員室で取り調べたうえ
きょうは許してやるが、もう一度調べるから、そのときは必ず来い
と言って、春美を帰宅させた。

キーポイント
① 逮捕監禁罪
② 逮　捕
③ 監　禁
④ 逮捕罪と監禁罪の罪数関係

逮捕監禁罪

逮捕監禁罪は、不法に人を逮捕又は監禁することによって成立する。

逮捕・監禁は、いずれも人の身体・行動の自由を侵害する行為であり、多少の時間、継続することが必要である。したがって、一瞬の拘束は、暴行罪を構成することはあっても本罪を構成しない。

また、逮捕と監禁は、逮捕が、身体に対する直接的拘束であるのに対し、監禁は、間接的拘束である点、監禁には一定の場所という観念があるのに対し、逮捕にはその観念がないという点に相違がある。

逮　捕

逮捕とは、人の身体に対して直接的な拘束を加えて、その行動の自由を奪うことである。その方法としては、ロープ等で手足を縛るなどの有形的方法が典型的であるが、脅迫したり、だましたりする無形的方法によっても逮捕は可能である。例えば、拳銃を突き付けるなどして自由を奪ったり、情を知らない警察官を欺いて無実の者を逮捕させたような場合がこれに当たる。

監　禁

監禁とは、人の行動の自由を場所的に拘束することをいうが、この場所については、部屋のように区画された場所であることは必ずしも要件ではなく、一定の地域であってもよいとされている。そして、逮捕の場合と同じく、多少の時間的継続のあることを必要とする。この点判例は、被害者を自動車に乗せ脱出不可能にした事案に関し、時間にして一分以内、距離が三三

◯メートルであったものを監禁に当たるとしたものがある（名古屋高判昭35・11・21）。

また、監禁の手段・方法に制限はなく、有形的方法であると、無形的方法であるとを問わない。

例えば、次の場合はいずれも監禁となる。

◯　スクラムや円陣を作って被害者を取り囲み、その脱出を不可能にすること

◯　一定の区域外に出ようとすれば爆弾の装置によって害を受けると欺いて脅迫して、その場から出られなくすること

◯　入浴中の女性の衣類を持ち去って出られなくすること

逮捕罪と監禁罪の罪数関係

逮捕と監禁とは、同一法条に規定された同一性質のもので、単にその態様を異にするだけに過ぎないから、人を逮捕し、引き続いてこれを監禁した場合には、包括して逮捕監禁罪の一罪が成立する。また、逮捕監禁罪の保護法益である個人の行動の自由は、一身専属的な法益であるから、本罪は、逮捕・監禁の被害者一名ごとに一罪が成立する。したがって、一個の行為で同時に同一場所に数名の者を監禁した場合には、被害者の数だけ数個の監禁罪が成立し、観念的競合となる。

事例の検討

事例の場合、谷山は、春美の万引を現認して警察官に引き渡す意思がないのにもかかわらず、同女の右腕をつかみ、警備員室まで連行したのであるから、その行為が不法な「逮捕」に当たることは明らかである。また、取調権限を持たない谷山が、逮捕行為に引き続いて、帰らせてくれと頼んでいる春美を二時間にわたって取り調べ、しかもその間において「主人や警察に知らせてやる」などと申し向けて、春美を畏怖させているのであり、春美は、このような心理的圧迫により容易に同所を脱出できなかったものであるから、その行為は「監禁」に当たる。したがって、谷山の行為は、不法逮捕、不法監禁に当たるが、前記のとおり、包括して逮捕監禁罪の刑責を負う。

32 脅迫

会社員の上田は、勤務先の会社が不況のため倒産寸前の状態にあることから、経営の安定している会社に転職しようと考えていた。
たまたま取引先の大手会社の重役、沢田が、社員の小村とラブホテルに入るのを目撃し
IN
上田君、何だね話って？
あんたの会社に就職させてください。もし、ダメなら、小村さんとの関係をバラしますよ。
分かった！
沢田は、やむなく上田を同社営業課員に採用する約束をした。

キーポイント
① 脅迫罪・強要罪の性格
② 脅　迫
③ 強　要
④ 強要罪と恐喝罪の関係

脅迫罪・強要罪の性格

脅迫罪及び強要罪は、いずれも個人の自由に対する罪であるが、脅迫罪が個人の意思決定の自由を危険にさらす表示の事実があれば結果の発生を必要としない犯罪（危険犯）であるのに対し、強要罪は、意思決定の自由とともに、意思活動の自由をも侵害する犯罪（侵害犯）であり、しかも、未遂が処罰される点に両者の違いがある。

また、脅迫罪は、相手方又はその親族の「生命、身体、自由、名誉又は財産に対し害を加える旨を告知して人を脅迫した」場合に成立し、強要罪は、脅迫罪の内容となっている脅迫的手段と同様の脅迫又は相手方に対して暴行を加えて、人に「義務のないことを行わせ」又は「権利の行使を妨害した」場合に成立する犯罪である。

脅　迫

脅迫罪にいう脅迫とは、人を畏怖させる目的をもって、相手方又はその親族の生命、身体等に対して、害悪を加えるべきことを告知することであるが、本罪における脅迫は、刑法上のいわゆる狭義の脅迫を意味しており、告知された害悪が、人を畏怖させるに足りる程度のものでなければならない。

⑴ 加害対象法益

本罪に列挙された「生命、身体…」等について、通説・判例は、これを限定的列挙としながらも、それぞれを広く解釈し、貞操を自由に含め、「村八分」の決議を名誉ないし自由に対する加害であるとし（大判昭3・8・3）、妻の姦通に関する一切の事実を公表する旨を夫に告知することは、夫の名誉を害すべき事項の告知ではなく、親族である妻の名誉に対し害を加えることの告知であり、それによって夫を脅迫したものであるとしている（大判昭5・7・11）。

⑵ 告知の内容

告知された内容が脅迫と言い得るためには、告知された害悪の発生について、行為者が直接又は間接に左右し得る支配力・影響力を持っていることが必要であり、行為者の支配力等がない害悪の内容を告知したとしても、本罪の脅迫には当たらない。

また、害悪の告知は、通常は、告知者本人が実現するものとして告知されることが多いが、必ずしもこれに限定されず、第三者がその内容を実現するものとして告知される場合であってもよい。

第三者による加害の告知の場合には、告知者がその第三者に影響を与える立場にあったり、その地位にあることを明示又は黙示的に相手方に知らせれば足り、行為者が現実にそのような地位にあることも、害悪の実現が可能となると否とも問わないとされている（大判大10・11・22）。

⑶ 害悪の程度

害悪の程度は、人を畏怖させるに足りるものであることを要し、何人も畏怖しないような事柄の告知は、脅迫とはいえない。そして、人を畏怖させるに足りる害悪の告知といえるかどうかは、一般的見地から客観的に決定さるべきであって、相手方の主観に左右されない。

しかし、相手方の境遇、年齢、その他の事情に考慮を払うことは妨げず、言語による脅迫の場合には、告知者の態度、人柄、その他の状況に照らして理解される。

⑷ 害悪告知の方法

害悪を告知する方法に制限はない。

口頭、文書に限らず、場合によっては態度のみによって告知することも可能であり、無言で短刀を示すとか、血の付いた果物ナイフを郵送する方法であってもよい。

また、告知者本人が告知するものであろうと第三者を介して間接的に行う告知であってもよいとされている（最判昭26・7・24）ので、通行人多数に脅迫文言が記載されたビラを頒布するとか、落し手紙などの方法により、ビラを受領させたり、あるいはそれを拾得した第三者を利用して相手方に告知する方法でもよい(東京高判昭30・11・11)。

強　要

強要罪にいう強要とは、相手方又はその親族の生命・身体に対して害を加えるべきことをもって脅迫し、又は暴行を用いて人に義務のないことを行わせ、又は権利の行使を妨害することである。しかし、脅迫又は暴行を加えられる者と、義務のないことを行わされ又は権利の行使を妨害される者とは必ずしも同一人物であることを要しない。

「人に義務のないことを行わせ」とは、行為者に何らの権利・権能がなく、したがって、相手方にもその行為を受忍すべき義務がないのに、脅迫又は暴行を用いて、強いて作為・不作為又は忍容をさせることをいう。

ここでいう義務とは、法律上の義務を意味し、単なる道徳上の義務では足りないが、作為・不作為は、法律行為であると事実行為であるとを問わないから、法律上その義務のない者に対し、謝罪状の交付、誓約書の作成、譲渡の意思表示、物品の貸与、パーティー券の販売等を強要すれば本罪が成立する。

「権利の行使を妨害」するとは、被害者が法律上許されている作為・不作為に出ることを妨げることをいい、その権利は、道徳上の権利では足りないが、法律上明文をもって規定された権利であることを要せず、個人の自由として法的保護を受けるべき領域にあれば足りる。

したがって、告訴することを中止させたり、婚姻届の提出あるいは投票、会議を妨害するような作為のほか、家族で郷里に帰ろうとする矢先「留守中火をつけてやる」と脅迫し、旅行を断念させた場合も本罪が成立する。

強要罪と恐喝罪の関係

強要罪と恐喝罪は、人の意思決定の自由を妨害するに足りる程度の暴行・脅迫を手段とする点において共通する。

さらに、恐喝罪において財物又は財産上の利益を恐喝者に取得させるための財産的処分行為も、被恐喝者にとってみれば、義務のないことを履行させられ、あるいは権利の行使を妨害される一態様であるから、この点においても両罪は共通している。

しかしながら、両罪を区別する基準について、判例は、被脅迫者に行わせた行為が非財産的処分行為か、それとも財産的処分行為かという点にあるとする立場をとっている。

事例の検討

事例の場合、上田は、沢田に対し、「小村との関係をばらしてやる」と申し向けているのであるから、その行為は沢田の名誉に対する害悪の告知といえる。

そして、沢田は、上田の脅迫に畏怖した結果、上田を同社社員として採用すべき義務は全くないのに、小村との関係が世間に知られることを恐れ、同人を社員として採用することを約束したのであるから、その行為は強要罪の構成要件に該当する。

なお、この場合上田は、社員という身分を取得すれば、当然そこで労働するわけであるから、その対価として、その地位・仕事の内容に応じた給料が支払われるため、上田の行為が恐喝罪に当たるのではないかとの疑問が生ずるところである。

しかし、上田の給料は、あくまでも労働の対価として支払われる性質のものであって、社員の身分を取得したこと自体で支払われるものではない。

したがって、沢田が上田に対して社員として採用することを約束したとしても、それによって恐喝罪にいう財産的処分行為が行われたということはできず、結局、上田が得たものは非財産的利益に過ぎないので、同人は強要罪の刑責を負うこととなる。

33 略取・誘拐

浪人中の松山は、セーラー服姿の明美(16歳)を、親切心から自分の傘に入れ、自宅まで送り届けたことがあった。

明美のことが忘れられず松山は、2、3日、2人で過ごそうと思い
横浜のベイブリッジへ行きましょう。車で2時間もあれば充分です。

松山は、両親に無断で明美を連れ出すことに成功した。

行き先が違うわ！

道に迷ったんだ！

帰りましょう
車中、明美から何度も帰宅するよう言われたが、松山はこれを無視し走り続け、故意に山中に入り込んだ。

その晩、2人は車の中で仮眠したが、わいせつな行為は一切しなかった。

翌日、しぶしぶ明美を自宅まで送り届けたが
明美の両親が、無断外泊の理由を問い詰めて真相を知り、警察署に告訴して来た。

キーポイント

① 略取・誘拐罪の性格
② 略取・誘拐の意義
③ 着手時期及び既遂時期
④ 予備罪
⑤ 親告罪
⑥ 犯罪の態様

略取・誘拐罪の性格

略取及び誘拐の罪は、人をその本来の生活環境から離脱させて、自己又は第三者の実力支配内に移すことを内容とする犯罪であり、自由に対する罪種の一種で、未成年者拐取罪等一四種の態様に分かれている。

略取・誘拐罪の保護法益は、被拐取者の自由であるが、それが未成年者・精神病者であるときには親権者などの保護監督権も法益に含まれる。

なお、営利目的等略取・誘拐罪（刑法二二五条）については、略取・誘拐等に際し身体に対する不法な有形力の行使の目的がある場合には、対象者の身体の自由に対して、より深刻かつ重大な危害が生ずるおそれが大きくなることから、平成一七年の刑法改正により「生命若しくは身体に対する加害の目的」が要件として加えられた。

略取・誘拐の意義

略取・誘拐の罪の行為は略取又は誘拐であり、一般的には、これを合わせて拐取という。

略取とは、他人の意思に反して、現在の生活環境から離脱させ、自己又は第三者の支配下に移すことである。

主として暴行・脅迫をその手段として行われるが、これらは、相手方の反抗を抑圧し又は著しく困難にさせる程度にまで強いことを要しないし、また、暴行・脅迫が被拐取者に直接加えられる必要はなく、その保護者、監督者に対して加えられてもよい。

誘拐とは、他人を自己又は第三者の支配下に移す手段が欺罔又は誘惑であるという点が異なるだけで、他はすべて略取と同様である。

欺罔とは、虚偽の事実を告げて相手を錯誤に陥らせることであり、誘惑とは、欺罔の程度に至らないが、甘言を用いて、相手の適正な判断を誤らせることである。

着手時期及び既遂時期

略取・誘拐の罪の着手時期は、暴行・脅迫・欺罔・誘惑などの手段を開始したとき又はこれに接着した行為をしたときであり、被拐取者を自己又は第三者の実力支配内に移したときに既遂に達する。

したがって、いったん被拐取者を実力支配内に移せば、その後被拐取者が逃走しても、また、被拐取者の承諾を得たとしても既遂の成否に関係はない。

なお、身の代金取得・要求罪以外の罪については、その未遂も処罰される。

予備罪

拐取罪関係で予備を処罰する規定があるのは、身の代金目的の拐取罪だけである。これは、身の代金目的の拐取罪が、極めて危険で悪質な犯罪であり、しかも、計画的に実行される場合が多いので、犯罪の未然防止を目的とする刑事政策的意図から設けられている。

予備行為の例としては、犯行場所、被拐取者に関する情報の収集、犯行場所への出発、待伏せ、略取用の凶器その他の器具の準備、運搬用車両の準備がある。

予備をした者が実行の着手前に自首したときは、その刑が減軽又は免除される。

親告罪

未成年者拐取罪（刑法二二四条）及びこれを幇助する目的で犯した被拐取者引渡し等罪（刑法二二七条一項）及びこれらの未遂罪は、親告罪とされている（平成二九年改正により強姦等罪が非親告罪化されるとともに、わいせつ目的又は結婚目的の拐取罪等は非親告罪とされた。）。

犯罪の態様

○　未成年者略取及び誘拐（刑法二二四条）

本罪は、未成年者を拐取することによって成立する。

本罪は、構成要件上、特定の動機・目的の存在を必要としない。

したがって、たとえ動機が憐憫《れんびん》の情による場合であっても、保護あるいは養育する目的であっても、不法に未成年者を実力支配下に置く意思があれば本罪が成立する。未成年者とは二〇歳未満の者で、拐取者は未必的にせよ相手方が未成年者であることを認識していなければならない。

○　営利目的等略取及び誘拐（刑法二二五条）

本罪は、営利、わいせつ、結婚又は生命若しくは身体に対する加害の目的で人を拐取することによって成立する。

本罪は目的犯であるから、その目的を遂げたか否かはその成否に影響しない。

「営利の目的」とは、財産上の利益を自ら得又は第三者に得させる目的をいい、その利益は、拐取行為自体によって取得される利益に限らず、拐取行為に対する第三者からの対価ないし報酬として受ける利益、あるいは、被拐取者自身の負担において得られる利益であってもよい。

「わいせつの目的」とは、被拐取者をわいせつ行為の主体ないし客体とする目的をいい、不自然な方法で性欲を満たす行為のすべてを含む。その行為は、異性間で行われると同性間で行われると、また、拐取者自身のためにすると第三者のためにするとを問わない。姦淫もここにいうわいせつの概念に含まれる。

「結婚の目的」とは、被拐取者を拐取者自身又は第三者と結婚させる目的である。結婚とは、法律上の婚姻であることを必要としないから、内縁の妻とする目的に出た拐取も本罪を構成する。

「生命若しくは身体に対する加害の目的」とは、自己又は第三者が対象者を殺害し、傷害し、又はこれに暴行を加える目的をいう。

○　身の代金目的略取及び誘拐（刑法二二五条の二第一項）

本罪は、近親その他被拐取者の安否を憂慮する者の憂慮に乗じて、その財物を交付させる目的で、人を拐取することによって成立する。

「近親者その他略取され又は誘拐された者の安否を憂慮する者」とは、被拐取者と密接な人間関係にあるため、その生命又は身体に対する危険を親身になって心配する者をいう。親子、夫婦、兄弟姉妹などの近親関係にある者のほか、親族関係はなくても、住込店員と店主の関係など近親に類する密接な生活関係にある場合も含まれるが、単に、被拐取者やその親族等の苦境に同情する第三者などは含まれない。

「憂慮に乗じてその財物を交付させる」とは、被拐取者の安否を心配している親族等の心理状態を利用して、それらの者が占有する財物を交付させることを目的とする場合をいう。したがって、被拐取者自身や第三者の占有する財物を交付させる場合は、本罪に当たらない。

○　拐取者身の代金取得及び要求（刑法二二五条の二第二項）

本罪は、人を拐取した者が、近親その他被拐取者の安否を憂慮する者の憂慮に乗じてその財物を交付させ又はこれを要求することによって成立する。

本罪の主体は、身の代金目的拐取罪を犯した者に限らず、未成年者拐取罪、営利目的拐取罪、所在国外移送目的拐取罪を犯した者を含み、身の代金目的拐取罪を犯した者が、さらに本罪を犯したときは牽連犯となる。

事例の検討

未成年者誘拐罪の客体は、未成年者であれば、監督者の有無、体力・発育の程度、性別、年齢のいかんを問わず、そのすべてが客体となり得る。

事例の場合、明美は、一六歳の女子高校生であるから、たとえ自らの行動の是非を弁別し得る能力を有していても、当然、本罪の客体たる未成年者に当たる。

また、判例では、未成年者誘拐罪は、拐取された未成年者の同意があっても、その同意は自分の行為の自由に対する侵害を承諾するだけにとどまり、その効果は、保護者・監督者の保護監督権にまで及ばないとされている。

事例の場合、松山は、以前見たことのあるセーラー服姿の明美を未成年者と認識しつつ、遠隔地へ一緒にドライブする目的を実現するため、甘言を用いて同女の承諾の下に誘い出し、二日間にわたり自己の実力支配下に置いたものであり、未成年者誘拐罪の刑責を負う。

なお、松山が明美に対してわいせつ等の目的を有していたとすれば、本罪は、わいせつ目的誘拐罪に吸収されることとなる。

34 名誉毀損・侮辱

もう、別れましょう！あなたとはおしまいね！

雅子から交際の終わりを告げられた田村は
どうするか、見てろよ！

かつて田村自身が撮影した雅子の全裸写真数枚を彼女の勤務先である会社の営業課宛に郵送した。

？

その写真が営業課だけでなく社内中に広まったため
雅子は会社に居づらくなり、同社を辞めざるを得なくなった。

辞職願

キーポイント

① 名誉に対する罪の性格・類別
② 名誉毀損罪の成立要件
③ 違法性阻却事由
④ 侮辱罪
⑤ 親告罪

名誉に対する罪の性格

名誉毀損罪、侮辱罪は、ともに名誉に対する罪であり、公然と他人の名誉を傷つける行為を内容とする犯罪である。

名誉に対する罪が成立するためには、保護法益としての外部的名誉及び名誉感情は、いずれも現実に侵害されたことを要せず、侵害の危険を生ずれば足りる。その意味において、名誉に対する罪は危険犯であるといえる。

名誉毀損罪の成立要件

名誉毀損罪は、公然と事実を摘示して人の名誉を毀損することによって成立する罪である。

本罪にいう名誉とは、いわゆる外部的名誉、すなわち人に対する社会一般の評価を意味する。

名誉の内容としての人の価値は、人の行為又は人格に対する倫理的価値に限らず、政治的、社会的、学問的、芸術的能力はもちろん、身体的、精神的な資質、職業、身分、血統など広く社会生活上認められる価値を含む。

ただ、人の支払能力及び支払意思に対する社会的評価は信用として信用毀損罪の法益とされているから、ここにいう名誉からは除外される。

名誉の主体としての「人」は、自然人のほか法人でもよい。法人格を有しない団体も、社会的に独立の存在と認められているものは、その名誉を保護されるとするのが通説である。

また、自然人は、幼児、精神病者、犯罪者であるとを問わない。

○　公　然

公然とは、不特定又は多数人が認識し得る状態をいうとされている（最判昭36・10・13）。摘示された事実が不特定多数の者に伝播し得る可能性がある限り、事実の摘示が直接的には特定、かつ、少数人に対してなされたものであっても、その行為の公然性が認められると解しているのである。

不特定人とは、相手方が特別の関係によって制限された者でないことをいい、例えば、公道の通行人、公開の広場での聴衆などのことをいう。

多数人とは、数字によって何人以上と限定することはできないが、単に数名程度では足りず、相当の人数でなければならないと解されている。その行為が同時に多数の相手方に対してなされなくても、文書の郵送のように順次連続して多数人に行われても、公然の行為であるといえる。

○　**事実の摘示**

「事実を摘示」するとは、具体的に一定の事実を告げることをいう。

事実は、単なる意思や価値判断では足らず、真実の証明が許されている趣旨からみても、それに適するような具体的事実でなければならない。また、事実は、人の社会的評価を低下させるに足りるものであることを要する。何が人の社会的評価を低下させるに足りる事実であるかは、具体的状況に応じて決せられることになる。

事実は、必ずしも人の行為に限らないし、行為であるときは「悪事醜行」でなくてもよい。原則として、真実のものであると虚偽のものであるとを問わず、非公知の事実であると公知の事実であるとにかかわらない。

しかし、一般に周知されていて、それを摘示しても被害者の社会的評価を低下させるおそれが絶無であるものは、本罪の事実に当たらない。

事実を摘示する方法には制限がない。口頭によると文書によるとを問わない。漫画、漫文によってもよいし、場合によっては、動作、身振りによる事実の摘示も可能であると解される。

また、事実は、行為者自ら直接見分したものとして摘示されると、風聞、噂、伝聞として摘示されるとにかかわらない。

○　名誉の毀損

「人の名誉を毀損」するとは、事実を摘示して人の社会的評価の害される危険を生じさせることをいうが、現実に人の社会的評価が害されたことを要しない（大判昭13・2・28）。

したがって、公然と事実が摘示された以上、通常被害者の名誉は毀損され、本罪は、完成するものと解してよい。

すなわち、公然と事実が摘示されれば、見聞者は皆無でもよいし、新聞による名誉毀損の場合には、その記事が公衆の閲読し得る状況下におかれれば足り、現に公衆によって閲読されたことを要しない。

違法性阻却事由

名誉毀損罪の成否を考える場合には、刑法第二三〇条の二に違法性阻却事由が規定されているので、この点に注意しなければならない。

すなわちまず、「公然と事実を摘示」したとしても、その行為が、公共の利害に関する事実に係り、その目的が専ら公益を図るためになされた場合には、摘示事実が真実の証明があったときに限って、違法性が阻却され、名誉毀損罪は成立しないとされている。

次に刑法第二三〇条の二第三項は、

○　摘示した事実が、公務員又は公選による公務員の候補者に関する事実であること

○　摘示した事実が、真実であることの証明があったこと

の二つの要件を満たすときは、違法性阻却事由に当たると規定している。

これは、公務員を選定・罷免することが国民固有の権利であり、公務員は全体の奉仕者であるとする憲法の精神にかんがみ、公務員に対する批判は、それが真実であれば、これを許し、公務員の行動を国民の監視の下に置こうという考慮に基づくものであると解されている。

侮辱罪

侮辱罪は、公然と人を侮辱することによって成立する犯罪であり、事実を摘示したか否かによって名誉毀損罪と区別される。

本罪にいう「侮辱」とは、他人の名誉感情を害するに足りる軽蔑の表示をいうとされており、判例では、「侮辱罪は、事実を摘示せずして他人の社会的地位を軽蔑する犯人自己の抽象的判断を公然発表するにより成立する」（大判大15・7・5）としている。

なお、本罪が成立するためには、侮辱行為によって、相手方の名誉感情が現実に害されたことを要せず、その危険性を生ずれば足りる。

一般的に、侮辱行為が行われると同時に既遂に達する。

親告罪

名誉毀損罪及び侮辱罪は、ともに親告罪とされている（刑法二三二条）。

被害者の意思を無視してまで訴追する必要が認められないことと、訴追することによって被害者の名誉をさらに侵害するおそれを考慮したものである。

事例の検討

事例の場合、田村が郵送した雅子の全裸写真を直接見聞した者は、特定・少数人である営業課員数名に過ぎないとしても、特段の保秘が課せられているわけでもない民間会社の営業課あてに、同社に勤務する特定の女性の裸体写真を郵送すれば、当該事実は、営業課だけにとどまることなく、会社内に伝播するであろうことは、当然予想されるところであるといわなければならない。

そして、事例の場合、これら特定・少数の者から他の社員に伝播され、現実に他の多数の社員に知れわたっていることを併せ考慮すれば、田村の当該行為は「公然」事実を摘示したことに当たる。

したがって、田村は、名誉毀損罪の刑責を負う。

35　威力業務妨害

暴力団高松組幹部林田は、新規開店したパチンコ店の店主南田が事務所にあいさつにこないことに腹を立て
PACHIN
店長はおらんか！
輩下の村山、吉田を連れて、いやがらせをしようと考え、パチンコ店を訪れた。
うちの組にあいさつなしに商売始めるとは、いい度胸だ！
店長・南田
こんな店潰すのはわけねえぜ！
オラオラお前ら、さっさと出て行け！
店内を10分間にわたって怒鳴りちらしながらうろつき回った。
ざわ
ざわ
店内は騒然となり、客はそそくさと帰り出し、入ろうとした客は、入店するのをやめてしまった。

キーポイント

① 業務妨害罪の性格
② 業務
③ 「威力を用いて」
④ 業務の「妨害」
⑤ 罪数関係

業務妨害罪の性格

業務妨害罪には、信用毀損及び業務妨害（刑法二三三条）と威力業務妨害（刑法二三四条）とが規定されている。

両者は、ともに人の経済面及び人格面における社会活動に対する侵害を内容とする犯罪であり、その保護法益が精神的な業務であると経済的業務であるとを問わず、いわゆる業務の安全そのものである点においては、両者は全く同一の性格を有している。

業　務

業務妨害罪にいう「業務」とは、人が社会生活上の地位に基づいて反復・継続して行う事務又は事業をいい、その業務が精神的なものであると経済的なものであると、また、報酬を受けるものであるか否か等は問わない。

したがって、基本的には業務上横領や業務上過失における業務と異なるところはない。

しかし、業務上過失における業務は、業務上の注意義務を根拠として考えられるのに対して、業務妨害罪の業務は、それに加えられる妨害について、経済生活と直接・間接に関連する人の社会的行動の自由を保護しようとする見地から、その内容を定めなければならないので、そこには、おのずから目的論的な差異が生ずる。

また、判例は、権力的、支配的性質の公務は業務に含まれないとする立場に立つものが多い。

「威力を用いて」

威力業務妨害罪における「威力を用いて」とは、犯人の威勢、人数及び四囲の状勢からみて被害者の自由意思を制圧するに足る犯人側の勢力を使用することをいうとされている（最判昭28・1・30）。

人の自由意思を制圧するに足る勢力ということであるから、威力の中には暴行や脅迫はもちろんのこと、社会的・政治的・経済的などの地位、権勢を利用する場合も含まれる。

また、その勢力は、直接、現に業務に従事している他人に加えられることを要せず、待機中の者に対するものでもよい。

なお、業務妨害が「偽計」によるものか「威力」によるものか、その区別の限界は必ずしも明確ではないが、偽計と威力の差異を判例でみると、基本的には、欺罔を中心とする隠密な行為か、それとも勢力を中心とする公然な行為かによって区別されている。

業務の「妨害」

本罪において、業務を「妨害」するとは、業務の執行自体を妨害する場合に限らず、広く業務の経営を阻害する一切の行為を含むとするのが通説・判例の立場である。

ところで、本罪が成立するためには、必ずしも現実に妨害の結果が生じたことを必要としないとされており、判例も、「業務妨害罪は、妨害の結果を発生しむべき虞れある行為をなすにより成立し、現実に妨害の結果を生ぜしめたことを必要としない」として、一貫して現実に妨害の結果発生を不要とする考え方を採っている。

罪数関係

日時を異にし、かつ数個の偽計及び威力を用いて業務を妨害した場合には、刑法第二三三条と第二三四条の両条に当たる単純な一罪だけが成立する。

また、本罪は、しばしば他の犯罪と競合して成立する場合があるが、それらの罪との関係は、次のとおりである。

○　業務妨害の行為が恐喝の手段として行われたときは、業務妨害罪と恐喝罪とは牽連犯となる。

○　支配人としての任務に背き、主人の営業を妨害した場合には、背任罪と業務妨害罪との観念的競合となる

○　公務執行妨害と業務妨害の両罪に該当する場合は、法条競合により、公務執行妨害罪のみが成立する。

○　業務妨害の目的を持って、器物毀棄を行った場合は、業務妨害罪と器物毀棄罪の観念的競合となる。

○　威力業務妨害と暴力行為等処罰ニ関スル法律第一条第一項違反の罪とは、それぞれ被害法益を異にするので、両罪は別罪として各別に成立する。

○　刑法の業務妨害罪が成立する場合、軽犯罪法第一条第三一号（悪戯業務妨害の罪）違反の罪はこれに吸収される。

事例の検討

事例の場合、林田は、輩下の村山、吉田らとともに、店内をうろつきながら、客に対して「店を出て行け」などと怒鳴りちらしており、その結果、店内にいた客が帰ったり、入店しようとしていた客が入店を取りやめたりしていることから、林田らの行為は威力業務妨害罪に当たる。

また、林田は、村山、吉田らとともに、南田に対し、「高松組の者だ…」などと申し向け、団体の威力を示して脅迫しているほか、前記のような行為を行って店内の客に対していやがらせをしているのであるから暴力行為等処罰ニ関スル法律第一条第一項違反の罪にも当たる。

そして、両罪は併合罪の関係になることから、結局林田は、威力業務妨害罪及び暴力行為等処罰ニ関スル法律第一条第一項違反の罪の刑責を負う。

36　財物性

ＪＲＸ駅――
勤務を終えた駅員近藤が事務室に戻る途中
当日たまたま施錠されていなかった自動改札機の収納部付近に
ガサ
ガサ
しゃがみこんで切符回収箱をあさっている男、黒木を見つけた
ガサ
ガサ
おい！待て
なぜ使用済みの特急券を持ち去るんだ？
駅窓口に持って行って「途中下車した。乗車変更したい」と言って新たな特急券と交換して
払い戻すつもりでした
なおX駅では回収された使用済みの特急券は
後日一括して裁断処理されることになっていた

キーポイント
① 財物の財産的価値
② 財物に対するその他の問題

財物の財産的価値

窃盗罪（刑法二三五条）は、他人の占有する財物を窃取することによって成立する罪であるが、窃盗罪をはじめとする財産罪の客体たる財物といえるためには、原則として、ある程度の財産的価値を有することを要し、全く財産的価値のないもの、あるいは、経済的価値が極めて軽微なものは財物には当たらない。

ここでいう財産的価値は、必ずしも客観的な金銭価値や交換価値を有しなければならないというものではなく、刑法的保護に値するとみるべき相当の理由がある限り、所有者、所持者の主観的な価値でもよいとされている。

例えば、恋人の写真とか、ラブレター等のように一般の人にとっては、客観的にはほとんど無価値に等しいものでも、その持ち主にとっては主観的な価値が認められるものであれば、財物とされている（東京高判昭28・9・18）。

そして、その主観的な価値は、それを大切に保存しておきたいというような積極的な価値ばかりでなく、その物を他人の手に渡さないために保存、あるいは廃棄するという消極的な価値のあるもの、例えば、使用済みの印紙（最判昭30・8・9）などのようなものであっても財物に当たるとされている。

しかし、客観的にも主観的にも全く無価値なものは、本来、財物として刑法的保護を与える理由がないし、経済的価値が極めて軽微で、刑法的保護に値しないものは財物とはいえないとされている。

財物に関するその他の問題

(1) 財物と有体性、管理可能性

従来、財物は有体物に限られるとする説が有力であった。しかしながら、この説によると、固体のほか、液

体や気体も有体物であるから、ガスや蒸気も財物に当たるが、エネルギー（熱気、冷気、水力など）は、財物に含まれないことになる。

この点、近時は、エネルギーのような無体物であっても、それが不法に侵害されるときは、やはり財産的侵害があったものといえ、無体物でも人がこれを管理・支配し得るものであれば財物と認めるべきであるとする、管理可能性が通説となっている。

(2)　財物と禁制品

麻薬、銃砲刀剣類のように、一般にその所有又は所持が法令上禁じられている物が、財産罪の客体たる財物といえるかどうかについて、疑問の生ずるところである。

この点について、判例は、かつて、偽造証書について詐欺罪の成立を否定したことがあった（大判明42・11・9）が、その後、「刑法における財産取得罪の規定は、人の財物に対する事実上の所持を保護せんとするものであって……社会の法的秩序を維持する必要からして、みだりに不正の手段によってこれを侵すことを許さぬとする趣意である。」（最判昭24・2・15）として、禁制品も客体となり得るとしている。

事例の検討

事例の場合、X駅で保管中の使用済み特急券は、他人に悪用されないために、通常は施錠をして保管されているものであり、事実、黒木もこれを悪用して現金を払い戻すつもりで持ち去ろうとしたわけであるから、便宜上置かれている回収箱から取り出すのと異なり、処罰に値する程度以上の価値も認められ、窃盗罪の客体である「財物」に当たることとなる。

判例も、事例と似たような使用済みの鉄道乗車券について、財物に当たるとしている（大阪高判昭29・6・24）。

したがって、事例の場合の黒木は、窃盗罪の刑責を負うこととなる。

37 占有

池田は、スポーツ店において、ゴルフクラブの品定めをしていたところ、
これは飛びそうだな！
店頭のハンガーに吊してあったゴルフウェア数点が折からの強風にあおられ
おっ！
店の前の道路上に落ちたのを確認し、店主が店内で接客中で気付いていないことを幸いに
道路上に落ちているゴルフウェア3点を拾い上げ、そのまま持ち帰った。

キーポイント
①　占有の意義
②　占有の判断基準
③　一般的な占有形態とその帰属
④　特殊な占有形態とその帰属

占有の意義

ある特定の財物に関し、占有が認められるか否か、それが認められるとすれば、その占有はだれにあるのかという点を判断する場合は、客観的要素としての占有の事実と、主観的要素としての占有の意思を検討しなければならない。

(1)　占有の客観的要素

客観的要素としての財物に対する事実的支配関係とは、財物の管理・所持という極めて物理的・現実的な支配を意味し、このような事実上の支配関係が存在するときは、通常、刑法上の占有が認められる。

しかし、物に対する現実的な握持・監視は、単に、その物に対する事実上の支配関係を表す一つの特徴に過ぎないから、現実の握持等があっても必ずしも占有があるといえない場合がある。その反面、物に対する現実的握持等がなくとも、社会通念上、その支配の可能性がある状態にあれば刑法上の占有が認められる。

(2)　占有の主観的要素

主観的要素としての財物に対する占有の意思とは、財物を現実に管理・支配しようとする意思である。

もっとも、この意思は、必ずしも個々の財物に向けられた特定的・具体的な意思に限らず、自己の支配する場所内に存在する財物一般を対象とする包括的・抽象的な管理支配の意思であってもよい。また、占有者が不断に明確な積極的意思を外部的に示す必要はなく、具体的状況上、財物を積極的に放棄する意思を示さない限り、一般的に占有の意思は認められる。

占有の判断基準

ある財物に占有があるか否かは、財物の所有者等の財物に対する支配意思・認識の存否という主観的要素を検討し、かつ、客観的要素として、その物の形状・大きさ・性質・存在場所の状況あるいは財物の所有者の位置と財物の存在場所との距離関係・財物から離れていた時間的関係等を基に判断することになる。

一般的な占有形態とその帰属

○　現実的に握持・監視するもの

現実に財物を握持している者や、眼前において監視している者は、通常占有を認めてよい。ただし、そのことをもって、直ちに、その者に占有があるとはいえない場合があるので注意を要する。例えば、店主と店員のような上下主従間の占有がその一例である。

○　自己が排他的に管理・支配する場所内のもの

自己が排他的に管理・支配する場所内では、財物を見失っても刑法上の占有を有する。

○　自宅以外で自己の支配力が及ぶと認められる場所のもの

自己が排他的に管理・支配する場所ではないが、自己の実力支配の及ぶと認められる範囲内にある財物については、たとえその存在を失念したような場合でも、その者に占有がある。例えば、判例では、「バスに乗るために行列した者が、カメラをその場に置き、行列の移動につれて改札口近くに進んだ後、カメラを忘れたことに気付いたが、その間、時間にして五分、距離にして二〇メートルに過ぎなかった場合」（最判昭32・11・8）について占有を認めている。

○　犯人以外の第三者が排他的に管理・支配する場所内のもの

犯人以外の第三者が排他的に管理・支配する場所内に、所有者等が財物を置き忘れたときは、その刑法上の占有は、その場所の管理者たる他人に移る。判例では、銀行内で、銀行の支払主任が執務の際、机上から金銭を落とし気付かなかった場合、その占有は、銀行建物管理者にあるとしている（大判大11・9・15）。

特殊な占有形態とその帰属

(1)　共同占有

共同占有とは、数人が相互平等の関係で財物を占有する場合をいうが、この場合は、各人に占有が認められるので、そのうちの一名が他の者の占有を侵害すれば窃盗罪となる。

(2)　上下・主従間の占有

財物を占有するについて、相互平等の関係にあるのではなく上下・主従の関係、つまり、下位者が上位者の命令・指揮監督のもとに従属的地位における機械的補助者として現実に握持又は監視しているに過ぎないときは、一般的に、上位者のみが刑法上の占有者とされ、下位者は単なる占有補助者であり、占有を有しないとされている。例えば、判例では、商店内の商品の占有は店員ではなく商店主にあり（大判大7・2・6）、倉庫内の物品の占有は倉庫番ではなく倉庫主にある（大判昭12・3・10）とされている。

(3)　委託された包装物の占有

委託された包装物の占有について判例は、委託者が施錠、封緘、梱包することは、在中物に対する勝手な処分を許さないという意思表示であることを重視し、包装物全体の占有と在中物の占有を区別し、包装物全体については受託者、在中物については委託者にそれぞれ占有があるとしている（大判明44・12・15）。

事例の検討

事例の場合、池田が領得したゴルフウエアは、強風に飛ばされて店頭から離れたとはいえ、もし店主がその事実に気付いて回収しようとすれば、容易、かつ、直ちに回収し得る場所、すなわち、スポーツ店前の路上に落ちているものであるから、社会通念に照らして判断すると、客観的にみて、店主の事実上の支配力が及ぶ場所にあり、店主の占有から離脱したものとは認められない。また、店主は、店頭のハンガーに吊してあるゴルフウエアが道路上に落ちたことを認識しておらず、それが原状どおり、店頭のハンガーに吊されていると思っているのであるから、たとえ一時的にそのゴルフウエアが道路上へ吹き飛ばされたとしても、依然として占有の意思を有していたといえる。

したがって、池田は、窃盗罪の刑責を負うこととなる。

38　不法領得の意思

運送会社の運転手前田は、ある日、引っ越し荷物の運送中、会社員の三村が運転する乗用車に接触され、軽微な損傷を負った。

おい 待て！

三村がこれに気付かず走り去ったため、直ちにこれを追跡
三村が勤務先の会社に到着したところで
おれの車に傷をつけておいて逃げるとは何だ！

修理費を払ってもらおうか！

あっ！

それ、持っていかれては困るんです!!

今度は逃げられないようにキーを預っておく。修理費を払えばいつでもキーは返す。

三村が止めるのを聞かずにエンジンキーを抜いて持ち去った。

キーポイント

① 不法領得の意思の意義
② 毀棄・隠匿と不法領得の意思
③ いわゆる使用窃盗と不法領得の意思

不法領得の意思の意義

窃盗罪の主観的成立要件として、窃取の故意のほか、さらに不法領得の意思が必要であるとするのが、多数説・判例の立場である。

不法領得の意思に関する最高裁判所の判例は、「権利者を排除し他人の物を自己の所有物と同様にその経済的用法に従い、これを利用し又は処分する意思をいうのであって、永久的にその物の経済的利益を保持する意思があることを必要としない」（最判昭26・7・13）とか、「自分の所有物のごとく利用する意思」をいうとされており、その意思は、単に自分の利益のためにするものに限らず、もっぱら第三者の利益のためにするものも含まれるとされている。

毀棄・隠匿と不法領得の意思

財物を自己の所有物とするよりも、毀棄・隠匿する意思でこれを奪取した場合に、不法領得の意思があったといえるか否かが問題となる。例えば、判例では、「自動車所有名義の変更を妨げるために、自動車登録原簿を陸運事務所から持ち出し、他家に預けた場合」（東京高判昭30・4・19）などのように、単に毀棄・隠匿する意思をもって物を取ったに過ぎないときは、不法領得の意思が認められないから、毀棄罪のみが成立するとしている。いったん不法領得の意思をもって自己の支配内に移し、しばらく利用した後に、廃棄・放棄・破壊・隠匿するような場合は、不法領得の意思があるということができ、窃盗罪を構成する。

いわゆる使用窃盗と不法領得の意思

他人の自転車を無断で一時使用した後、元の場所に返還しておくというように、原状のまますぐ返す意思で他人の財物を一時無断使用する、いわゆる使用窃盗は、一般的には不法領得の意思に欠けるとして窃盗罪を構成しないとされている。

しかし、近時、自動車の乗り逃げなどの事案が激増していているのに伴い、使用窃盗として罪にならないのは、権利者を完全に排除しない場合に限るとする見解が有力となってきている。ことに物の所持という事実上の状態それ自体を窃盗罪の保護法益とする判例（最判昭34・8・28）の展開は、この傾向に拍車をかけている。

このようなことから、船車について、乗り捨ての意思があるときには、不法領得の意思が認められるとするのが一般であるし、自転車を使用後は預り所に預けて放置するという目的で持ち出した場合（東京高判昭28・7・6）や、他人の自動車を長時間、長距離にわたって乗り回した場合（名古屋高判昭30・6・28）なども、不法領得の意思が認められる。

つまり、たとえ使用後に返還する意思があっても、その使用がその物の価値の消費を伴う形態であればそれは単なる使用ではなく、また、その間、権利者が自由にその物を利用する権利を完全に排除するという意思があったと認められるからである。

したがって、例えば、他人の家に窃盗をするために侵入するつもりで、家人が新聞受けの中に入れておいたアパートの部屋の鍵を見つけ、これを使用して錠を開ければ、たとえそのまま元のところへ返しておいたとしても、窃盗罪が成立することになる。

事例の検討

事例の場合、前田は、三村の車両からキーを持ち去るに際し、「修理費を払えば、いつでもキーを返す」と申し向けていることなどから判断すると、当該キーを自分の車両に使用するとかコレクションにしようという意思は認められない。しかし、所持者である三村が止めるのを聞かずに、修理費の支払いを三村に応じさせるためこれを持ち去り、自己が保管しようという前田の意思は、最近の裁判例の動向から判断して、窃盗罪の要件たる不法領得の意思に当たる。

したがって前田は、窃盗罪の刑責を負うこととなる。

39　窃盗の着手と既遂時期

無職の岡田は、かつてアルバイトとして働いたことのあるS電気器具販売店から電気製品を盗み、
これを売却して、遊興費を得ようと企てた。
ある日の深夜、店の高窓から無人の店舗内に侵入し、商品陳列ケースや陳列棚からCDラジカセや小型電気製品を取り出し
あらかじめ用意してきた紙袋にこれらを入れ、いつでも盗品を持ち出せるようにするため
裏側出入口ドアの施錠を開いたうえ、その紙袋を出入口脇の店舗内に置き
再び店内を物色しようとして持っていた懐中電灯をつけたところ
その光を警ら中の警察官に発見され、その場で逮捕された。
AMERICANS CUP

キーポイント

① 窃盗の着手時期
② 窃盗の既遂時期

窃盗の着手時期

窃盗罪における着手時期は、一般的にいえば客体である財物についての他人の占有を侵害する行為が開始されたときであるが、他人の占有に対する侵害がいつ開始されたかは、一律に決定することができない問題である。

これは、個々具体的事案ごとに、窃取の客体である財物の形質、形状及び窃取行為自体の状況などを個別的に検討したうえで、総合的に判断しなければならない。

そこで、どのような場合に窃盗の着手が認められるかをみると、判例は、例えば窃取の目的物に手を掛けるというような、財物奪取行為そのものを開始した場合のほか、財物奪取行為自体に「密接なる行為」を開始した場合にも、窃盗罪の実行の着手を認めている（大判大9・10・19）。

そして、財物奪取行為の一つとしては、まず、いわゆる物色行為がある。すなわち、窃盗の現場において財物に対する物色行為を開始したときには、窃盗の着手が認められる。

その他、窃盗の態様別の着手時期について、判例は次のように判示している。

○ **物品格納庫からの窃取**

物品格納庫の中から目的物を取り出して窃取しようとする場合には、その格納物に手を掛ける行為が、財物奪取自体に密接なる行為を開始したときに当たるとされる。

例えば、現金窃取の目的で被害者方店舗内の引出しを五、六センチほど開けたところ、家人に発見されそうになって中止した場合には、着手が認められる（東京高判昭29・11・11）。

○ **他人の住居からの窃取**

他人の住居に侵入して財物を窃取しようとする場合

には、物色を行うため格納物に接近する行為も前記の密接行為に当たる。

すなわち、他人の住居内に侵入しただけでは足りないが、現に目的物に手を触れることを要せず、金品物色のため「たんす」に近づいたときに着手が認められる（最判昭23・4・17）。

○ 倉庫・土蔵からの窃取

倉庫・土蔵のように、本来、商品や貨物を貯蔵、保管するという性格を持つ建物に侵入して窃取を行おうとする場合においては、内部に侵入したうえ物色を始めるまでもなく、その建物に対する侵入行為を開始（外壁の一部破壊や外扉の錠の破壊）した時に窃盗の着手が認められる（名古屋高判昭25・11・14）。

○ 屋外における窃取

例えば、いわゆる車上ねらいの場合について、判例は、乗用自動車内の金品を窃取する目的で、ドアを開ける前段階として、三角窓のガラスをドライバーで持ち上げ、そこから洋傘の骨を動かせばすぐに開けられる状態にした場合は、窃盗の着手があったものと認めている（東京高判昭45・9・8）。

すなわち、自動車内には、通常、窃取すべき財物があり、ドアを開けようとすれば、自動車内の財物を窃取しようと企てていることが、客観的に認めることができるから、ドアを開けて自動車に乗り込むまでもなく、あたかも倉庫や土蔵に侵入して行われる窃盗と同様に、その段階で窃盗の着手を認めることができるのである。

窃盗の既遂時期

窃盗罪の既遂時期を巡り、学説は、次の四説に分かれている。

○ 接触説…客体である他人の財物に対して手を触れたときであるとする説

○ 取得説…他人の占有を排除して財物を行為者又は第三者の事実上の支配下に移したときとする説

○ 移動説…財物を場所的に移転したときとする説

○ 隠匿説…財物を安全な場所に移したときとする説

通説・判例（最判昭23・10・23）は、取得説の立場を採り、窃盗罪は他人の支配を排除して財物を自己又は第三者の実力支配内に移し、これを自由に処分し得べき状態に置くべきことによって既遂に達するとしている。

したがって、単に財物に手を触れただけでは足りないが、犯人が目的物を自由に処分することのできる安全な場所へ持ち去ったことや、永遠かつ安全にその物の経済的価値を保持し、これを利用し得べき状態に置くことを要しないと解されている。

しかし、この見解によって既遂時期を認定するとしても、個々の事案における具体的状況が一様でないため、果たしてどのような状態に至れば既遂といえるのかは、一律に決せられない。

結局のところ、

○　客体たる財物の性状（財物の形状、容量など）

○　被害者の財物に対する占有の形態（支配の状態）

○　窃取行為の態様（取得方法、手段など）

などの点を総合的に判断しなければならない。

この点、一般的には、形状が小さく容易に携帯できるような財物については、これを身に付けることによって直ちに既遂に達するが、これに対し、財物の容量が相当大きいとか、そのままの状態で搬出が困難である物については、搬出し得る状態を作り出したときに既遂になるとされている。

判例では、次のような場合について、窃盗の既遂を認めている。

○　不法領得の意思で、床屋のタオル、石けん等を白衣に包み、店舗内待合場所まで運んだ場合（札幌高判昭28・4・23）

○　陳列台の上にあった服地一巻をオーバーの下にひそませその上から服地を抱え、出口に向かって一、二歩歩いた場合（東京高判昭29・5・11）

○　他家の玄関先に置いてあった自転車を盗んで三、四間引いて表通りまで搬出した場合（名古屋高判昭25・3・1）

○　本屋に陳列してある本を上衣の下脇にはさみ、外部から見えないように隠して店を出ようとした場合（広島高岡山支判昭28・2・12）

○　パチンコ屋で磁石を使い当たり穴から不正に玉を取得した場合（東京高判昭31・1・30）

○　工場の構内で持参した縄の上に目的物を置き、

いつでも結束して運搬できる状態にした場合（仙台高秋田支判昭38・3・3）

○　土木出張所の車庫内から木炭六俵をかつぎ出し、出張所の柵外に持ち出した場合（最判昭23・10・23）

○　進行中の列車から、後刻その場所に戻って拾うつもりで、積荷を突き落とした場合（広島高判昭27・2・6）

○　泥酔者を介抱するふりをして、靴を脱がせ、腕時計を外してその場に置き、同人を他所に運んだ場合（東京高判昭28・5・26）

事例の検討

事例の場合、岡田は、窃取しようとしたCDラジカセ等の小型電気製品を紙袋に入れ、出入り口ドアの脇に置いたものの、当該電気製品を店舗外に搬出していないことから、S電気器具販売店の管理者の占有を排除して自己の実力支配内に置いたとはいえないのではないかとの考えも生ずる。

しかし、S電気器具販売店は、岡田の犯行時間である夜間においては無人の店舗となっており、夜間に警備員を置いて防犯措置を講じている店舗と比較し、同店における商品の管理・支配の程度は緩やかとなっている。

また、客体であるCDラジカセ等の小型電気製品は、その形状等からして持ち運びが容易である。

この二つの事実をとらえて判断すると、岡田がこれらの製品をあらかじめ用意しておいた紙袋に入れた時点において、S電気器具販売店管理者の管理を排除し、自己の実力支配内に移すことができる。

しかも、岡田は、当該電気製品をいつでも店舗外に持ち出せるよう開錠しておいた出入り口ドアの脇に、この紙袋を置いたというのであるから、警察官に発見された時点では、岡田の窃盗行為は、既に既遂に達していたとみるべきである。

40　不動産侵奪

大島は麻雀仲間の野村から店番を依頼された。
店の経営が苦しくて、金策に回りたいので、2、3日、債権者の応対役として、留守番を頼みたいのだが
いいよ
頼まれたとおり留守番をしていたが、野村が全く店に姿を見せないことに目をつけ、店を乗っ取ることを企てた。
知り合いの暴力団幹部西村に計画を打ち明け、共同して、店の内に応接セットを置くなどの模様替えをし、
「大西株式会社」という別会社の看板を出して、そのまま居座った。
株式会
ああ〜!
その後、大島と西村は、野村を寄せつけず、退去しない。

キーポイント

① 不動産の意義
② 不動産に対する占有
③ 侵奪の意義
④ 不動産侵奪の既遂時期

不動産の意義

不動産侵奪罪は、不法領得の意思をもって他人の占有する不動産を侵奪することによって成立する罪である。

本罪にいう不動産とは、土地及びその定着物をいい、土地は単に地面のみならず、地上の空間及び地下をも含む。

建物も不動産であることはもちろんであり、不動産の一部も本罪の客体となり得るが、それを分離して奪取した場合には、もはや動産と化するから本罪ではなく、窃盗罪となる。

不動産に対する占有

前述したとおり、不動産侵奪罪が成立するためには、目的物である不動産に対する他人の占有を排除することが必要であり、しかも、ここにいう「不動産に対する占有」とは、事実上の占有を意味するのであって、法律上の占有は含まれない。

したがって、例えば、地面師などが他人の未登記の建物について、何らの権限なしにほしいままに自己又は第三者の名義で虚偽の所有権の保存登記をしたり、又は登記申請書類を偽造して、他人の土地につき虚偽の所有権移転登記をし、登記簿上、あたかも自己が真正の所有者であるかのような外見を作り出したような場合でも、文書偽造罪などが成立するのは格別、不動産侵奪罪は成立しない。

侵奪の意義

不動産侵奪罪にいう「侵奪」とは、不法領得の意思をもって、不動産に対する他人の占有を排除し、これを自己の支配下に移すことをいう。

侵奪行為は、権利者の占有を排除して自己の占有を設定することであり、積極的な現実の行為であることを要する。

したがって、賃借期間の満了又は賃貸契約の解除等によって賃借権を喪失した賃借人が、所有者の立退き要求に応ぜず、契約の目的物であった土地や建物の占有を継続し明渡しを拒むような場合は、新たな積極的な占有排除がないから、侵奪には当たらないとされている。

しかし、明渡しの要求に応じないで居座り、従前どおり土地・建物等を占拠し続ける場合であっても、従前の占有の形態が質的に変化しており、そのため当該不法占拠者において新たな事実の支配を開始したものと認められる違法状態が現出したときには、不動産侵奪罪の成立が認められる。

例えば、資材置場として一時使用することを認められて他人の土地を占有していた者が、その土地に無断で恒久的住宅を建てたような場合、その新築行為は不動産侵奪行為に当たる。

その他、判例上、侵奪行為に当たるとされた事例としては、次のようなものがある。

○　他人の土地を不法に占拠して住宅や店舗を建てた場合（大阪高判昭31・12・21）

○　他人の空き家に住みついた場合（福岡高判昭37・8・22）

○　執行官が、所有者の委任に基づき、その所有地について、周囲に棒杭を打ち込み、有刺鉄線を架設したところ、従前の占有者がその棒杭を倒して立ち入り、野菜類を栽培して、その土地を自己の支配に移した場合（大阪高判昭41・8・19）

○　仮設的な板塀に囲まれた他人の空き地を、正当な権限もなく、資材置場に利用していた者が、台風でその板塀が倒れたのに乗じ、所有者の意思に反して、代わりに半永久的なコンクリートブロック塀を築き、その土地を資材倉庫とした場合（最決昭42・11・2）

不動産侵奪罪の既遂時期

不動産侵奪罪の既遂時期は、目的物である不動産について「事実上の占有を設定したとき」であるが、その占有設定がどのような状態、あるいは段階に至れば「事実上の占有の設定」が行われたことになるかは、難しい問題であり、画一的に決せられない。

判例も、侵奪の成否について、具体的事案に応じ不動産の種類、占有侵奪の方法、態様、程度、占有期間の長短、原状回復の難易、占有排除及び占有設定意思の強弱、相手方に与えた損害の有無などを総合的に判断し、社会通念に従って決しなければならないとしている（大阪高判昭40・12・17）。

事例の検討

事例の場合、大島は、野村が金策のため奔走している間の数日間だけ留守番を依頼されたのであるから、他人の不動産に対する一時監視者であるにすぎず、したがって、野村所有の店舗建物に対する占有を取得した者ではない。その建物に対する占有者は、野村が不在中である間においても、野村本人であって、大島ではない。

事例の場合については、非占有者が占有者の占有を排除して他人の不動産を乗っ取る一般の不動産侵奪事例と同様に解することができる。

つまり、大島は、野村が店に顔を出さないのを幸いに、知人の暴力団幹部西村に対して、店の乗っ取り計画を打ち明け、二人共同して店の模様替えをしたり、新しい会社の看板を出すなどしており、さらには野村を寄せつけないようにしていることから、大島、西村の行為は、正に野村の占有を排除し、新たな積極的な現実の侵奪という占有設定行為をしたものにほかならない。

したがって、大島、西村は、不動産侵奪罪の刑責を負うこととなる。

41　親族相盗例

いずれ婿の正夫君には私の跡を継いでもらおうと思っている次第であります。
片岡商事社長、片岡実の娘婿、正夫は、同社の営業係長であるが、
遊興費欲しさから、義父実の保管している同社所有の小切手用紙一冊を盗み出し、
小切手
￥500,000
同社名義の小切手を作成して遊興費等の支払いに充当した。

キーポイント

① 親族間における犯罪の特例
② 親族相盗例（刑法二四四条）の適用範囲

親族間における犯罪の特例

刑法上、一定の親族間において特定の犯罪を行った者に対しては、特に刑を免除したり被害者の告訴がなければ処罰しないことを定めている。

刑法第一〇五条（親族間における犯人蔵匿、証拠隠滅罪の特例）、第二四四条（窃盗、不動産侵奪罪に対する親族相盗例）、第二五一条（第三七章（詐欺及び恐喝の罪）の各罪に対する親族相盗例の準用）、第二五五条（第三八章（横領の罪）の各罪に対する親族相盗例の準用）、第二五七条（親族間における盗品等に関する罪の特例）がそれである。

このような規定がおかれた理由は、「法は家庭には入らず」とか「親族間の人情の情」という思想に法が譲歩し、法が積極的に干渉することを抑止しようということにある。

親族相盗例（刑法二四四条）の適用範囲

(1) 意　義

本条はいわゆる親族相盗の規定であり、「配偶者、直系血族又は同居の親族との間」で、窃盗罪、不動産侵奪罪及びこれらの未遂罪を犯した者については、その刑を免除し、「その他の親族」にかかるときは親告罪としている。

しかし、親族でない共犯者についてはこの例によらないとしている。

この親族間の財産犯罪に対しては、原則として、国家が積極的に干渉して刑罰権を発動することよりも、親族間の処分に委ねる方が、親族間の秩序を維持させるために、より適当とされるからである。

(2) 適用範囲

○　配偶者

夫からいえば妻、妻からいえば夫のことであるが、民法上、正式に婚姻が成立している場合に限られ、いわゆる内縁関係の場合を含まない。

○　直系血族

直系血族には、自然血族だけでなく、養親子のような法定血族も含まれる。

○　同居の親族

同居とは、事実上、同一の住居で日常生活を共にしていることをいう。

したがって、一時宿泊したに過ぎない者、家出している者、一室を借りていても、区画を設け、物質の受配・炊事・起居を別にして生活している者、たびたび来訪した事実があっても定住性のない者などは、同居しているとはいえない。

また、ここにいう親族とは、民法に定めるところの親族をいい、配偶者と直系血族を除く六親等内の血族及び三親等内の姻族を指す。姻族とは、自己の血族の配偶者（当該配偶者の立場から逆にみれば、自己の配偶者の血族）を意味する。

(3)　親族関係の必要な人的範囲

窃盗、不動産侵奪の被害物件の所有者と占有者（所持者）とが犯人と親族関係を有する同一人であれば、本条の適用について全く問題はない。

ところが、所有者と占有者が異なり、いずれか一方と親族関係のない場合に本条が適用されるか否かが問題となる。

通説は、所有者及び占有者の双方に対して親族関係が必要であるとしている。

一方、判例の立場をみると、最高裁は、「刑法第二四四条は、窃盗罪の直接の被害者たる占有者と犯人との関係についていうものであって、所論のごとくその物件の所有者と犯人との関係について規定したものではない」（最判昭24・5・21）と判示し、通説と同じ立場に立っていた従来の大審院の判例と異なった趣旨の判断を採った。

そのいずれを採るべきかは難しいところであるが、実務上は、通説・大審院判例に従うのが妥当であると解されている。

(4)　相対的親告罪

「前項に規定する親族以外の親族との間で犯した同項に規定する罪は、告訴がなければ公訴を提起することができない。」とは、親族相盗行為がいわゆる相対的親告罪であることを意味する。

すなわち、通常は、非親告罪である犯罪が、犯人と被害者との間に一定の身分関係があるために親告罪とされるものである。

なお、親族相盗のような相対的親告罪の場合は、告訴の主観的不可分の原則の例外を認めるべきであり、非親族者についてのみなされた告訴は、親族である共犯には及ばないとするのが通説である。

また、親族関係が一身的な処罰阻却事由とされる以上、その身分関係を有しない共犯について親族相盗例の適用がないことは当然である（刑法二四四条三項、「前二項の規定は、親族でない共犯については、適用しない。」）。

事例の検討

事例の場合、正夫は、片岡実の血族である娘の配偶者であるから、正夫と片岡実との間には、一親等の姻族という身分関係があり、正夫は実の親族ということになる。

しかし、事例の場合、正夫が窃取した小切手用紙は、実の占有に属していた財物であるが、同人所有の個人財産ではなく、実が社長である片岡商事の所有物である。

したがって、通説・判例に照らせば、当該小切手用紙の占有者である実と正夫との間には親族関係があるとしても、当該小切手用紙の所有者たる片岡商事と正夫との間に親族関係がないのであるから、小切手用紙を窃取した正夫の行為は、親族相盗例の適用を受けないことになる。

なお、事例の場合、正夫は、当該小切手用紙を利用して、片岡商事名義の小切手を作成して、これを行使しているのであるから、その行為について、有価証券偽造・同行使、詐欺罪の刑責を負うことも明らかである。

42 強盗

暴走族の川島は、深夜、ベンツに追い越されたことが気に入らず、運転者の顔を見るため追い越したところ、運転していた村松が20歳そこそこの若者だったことから…
金を脅し取ろうと決意し、ベンツを停車させ…
長さ50センチメートルの鉄パイプを右手に握り――
金を出せ！金を出せばお前もこの車も無事に帰してやる！
ところが村松が顔色ひとつ変えず、たじろぐ態度を示さなかったので
頭をかち割られたいのか!!
村松は空手三段の腕前に自信を持っていたことから、川島をねじ伏せようと思ったが、無用の争いはしない方がよいと考え直し、
一万円札を取り出したところ
川島はこれをつかみ取って逃走した。

キーポイント
① 強盗罪における暴行・脅迫
② 強取及び財産上不法の利益の取得
③ 着手時期及び既遂時期
④ その他の強盗の罪の類型

強盗罪における暴行・脅迫

(1) 暴行・脅迫の程度

強盗罪は、暴行又は脅迫を手段として他人の財物を強取し、又は財産上不法の利益を得若しくは第三者に得させることによって成立する。

本罪における暴行は、人に向けられた有形力の行使で、脅迫とは、人に畏怖心を生じさせる目的で害悪を告知することである。そして、これらは、財物強取等の手段として用いられるものであるから、いずれも被害者の反抗を抑圧するに足りる程度のものであることを要し、いわゆる最狭義の暴行・脅迫を意味する。

したがって、財物奪取の手段に用いられた暴行・脅迫でも、その程度が被害者の反抗を抑圧する程度に至らず、被害者の任意の交付によって財物を取得する程度にとどまるときは、恐喝罪が成立するに過ぎない。

すなわち、強盗罪における反抗の抑圧とは、その手段としての暴行又は脅迫によって被害者が精神的あるいは身体的に自由を失う程度に至った状態をいう。これに対し、恐喝罪の手段としての暴行・脅迫は、被害者の反抗を抑圧するに至らないものをいうから、両罪を区別する基準は暴行・脅迫の程度の強弱にある。

(2) 反抗抑圧の判断基準

暴行・脅迫が被害者の反抗を抑圧し得るものであるか否かを判断する基準について、通説・判例は、その判断基準を被害者の主観的心理状態に置かず、被害者の立場に置かれた一般人を標準とすべきであるとしている。すなわち、当該暴行・脅迫が、その性質上社会通念により客観的に判断して相手方の反抗を抑圧するに足りると認められることを要し、かつそれで足り、具体的事案における被害者の主観的心理状態に基づいて判断すべきでないとしている（最判昭24・2・8）。

しかし、社会通念上、一般人の標準において反抗の抑圧の有無を判断するといっても、単に被害者に加えられた暴行・脅迫が人の反抗を抑圧し得るものであるかどうかを抽象的に判断するという意味ではなく、行為時の客観的状況（犯行時刻・場所等）、被害者と加害者の関係（年齢・体力・性別等）、あるいは凶器使用の有無等の具体的状況を総合的に考慮したうえで決定しなければならないという意味である。

したがって、暴行・脅迫が一般的に被害者の反抗を抑圧するに足りるものであると判断される限り、現実に被害者の精神と身体の自由を完全に制圧せず、単に畏怖心を生じさせたことによって被害者が自ら財物を犯人に交付した場合であっても、強盗罪が成立する。

(3) 暴行・脅迫の相手方

暴行は、人に向けられた有形力の行使であれば足り、必ずしも直接に人の身体に対して加えられることは必要でない。たとえ物に対して加えられたものであっても、それが被害者の反抗を抑圧し得るものであれば、本罪の暴行となる。

また、暴行・脅迫の相手方は、財物の所有者又は占有者であることは必要でなく、行為者が財物を奪取する際、あるいは奪取した財物の占有を確保するために障害となる者に加えられたものであってもよいとされている。

強取及び財産上不法の利益

強取とは、暴行・脅迫により、相手方の反抗を抑圧して財物を自己又は第三者の占有に移すことをいう。通常は、犯人が被害者自身から直接財物を奪取することが多いが、必ずしもその必要はなく反抗を抑圧された被害者から交付を受けても、被害者が知らない間に目的物を奪った場合でも強取といえる。

また、強取があったとするには、犯人の暴行・脅迫による被害者の反抗抑圧と財物奪取との間に因果関係が存在することが必要である。このことから、客観的には被害者の反抗を抑圧するに足りる暴行・脅迫を加えたにもかかわらず、被害者が非常に気の強い男であるために反抗を抑圧されなかったが、無用の紛争を避けるために被害者が自発的に財物を犯人に交付したという場合について、判例は、暴行・脅迫と財物奪取の間の因果関係を認め、強盗既遂罪に当たるとしている（最判昭24・2・8）。

次に、財産上不法の利益とは、不法に財産上の利益を得るということであって、財産上の利益自体が不法なものであるという意味ではない。

財産上不法の利益の取得の態様には、債務を免除させるとか、債務の履行を延期させるなどのように、被害者に財産上の一定の処分をさせる場合と、その旨の証書を提供させるなどのように、相手方をして一定の意思表示をさせる場合とがある。

着手時期及び既遂時期

強盗の着手は、財物を強取する目的、又は財産上不法の利益を取得する目的で、被害者の反抗を抑圧するに足りる程度の暴行又は脅迫を開始したときである。

したがって、現に被害者の反抗を抑圧するに足りる暴行・脅迫があった以上、現実に相手方が反抗を抑圧されず、そのため財物奪取の目的を遂げなかったとしても、実行の着手があるから、強盗未遂罪が成立する。

一項強盗の既遂時期について、通説・判例は、窃盗と同様に取得説を採っている。

強盗の場合は、被害者の反抗を抑圧するに足りる程度の暴行・脅迫を手段として行われるものであるから、財物に対する占有の取得が窃盗の場合より早期に実現されることが多い。例えば、判例でも、強盗の場合は、被害者の反抗を完全に抑圧した状態の下においては、被害者側の支配の及ぶ領域内であっても、犯人が財物を排他的に支配したと認められる場合は既遂であるとしている。

また、二項強盗の既遂時期についても、本質的には一項強盗の場合と異なるところはなく、暴行・脅迫を手段として財産上不法の利益を得たと認められる状態が生じたときに既遂に達する。

その他の強盗の罪の類型

○　**強盗予備罪**

本罪は、強盗の目的でその準備をすることによって成立し、本罪にいう「強盗の目的」には、昏酔強盗等を目的とする場合も含むと解されている。

判例では、凶器を携えて目的地に向けて出発する行為、強盗を共謀して出刃包丁等の凶器、懐中電灯を買い求め、これを携えて徘徊する行為、タクシー強盗の目的で、タクシーに乗車し、実行の機会をうかがいつつ運転させる行為などが本罪に当たるとされている。

○　事後強盗罪

本罪は、窃盗犯人が財物を得た後に、それを取り戻されるのを防ぎ、又は逮捕を免れ、若しくは罪跡を隠滅するため暴行・脅迫を加えることによって成立する。

○　昏酔強盗

本罪は、人を昏酔させて人の財物を盗取することによって成立する。「昏酔させて」とは、意識作用に一時的又は継続的な障害を生じさせることをいい、その方法に制限がなく、例えば、アルコールを飲用させることとか、睡眠薬、麻酔剤等の薬物類を用いることなどもこれに当たる。

○　強盗致死傷罪

本罪は、強盗犯人（強盗の既遂・未遂を問わず、刑法二三八条、二三九条の罪を犯した犯人を含む。）が、人を傷害したり、死に致らせることによって成立する。致死傷の結果は、強盗の実行行為に着手した後、その犯行の機会において生じたものであれば足り、財物奪取の手段としての暴行によって生じたものに限らないとされている。

○　強盗・強制性交等罪、同致死罪

本罪は、強盗犯人（強制性交等犯人）が強制性交等（強盗）の罪を犯したこと、又はその結果被害者を死亡させることによって成立する。

なお、平成二九年七月一三日施行による刑法改正前における「強盗強姦罪」は、「強盗犯人」が強盗の実行行為に着手後、その機会に「強姦行為」が行われることを要件としていた。このことから、「強姦犯人」が、被害者の畏怖した状態を利用して新たに犯意を生じて財物を領得する場合は、「強姦罪」と「強盗罪」の刑責を負い、両罪は併合罪とされていた。

事例の検討

事例の場合、川島は、客観的にみて相手方の反抗を抑圧するに足りる暴行・脅迫を加え、無用な争いを避けたいとする村松から現金を強取したのであるから、結局、強盗既遂罪の刑責を負う。

43　事後強盗

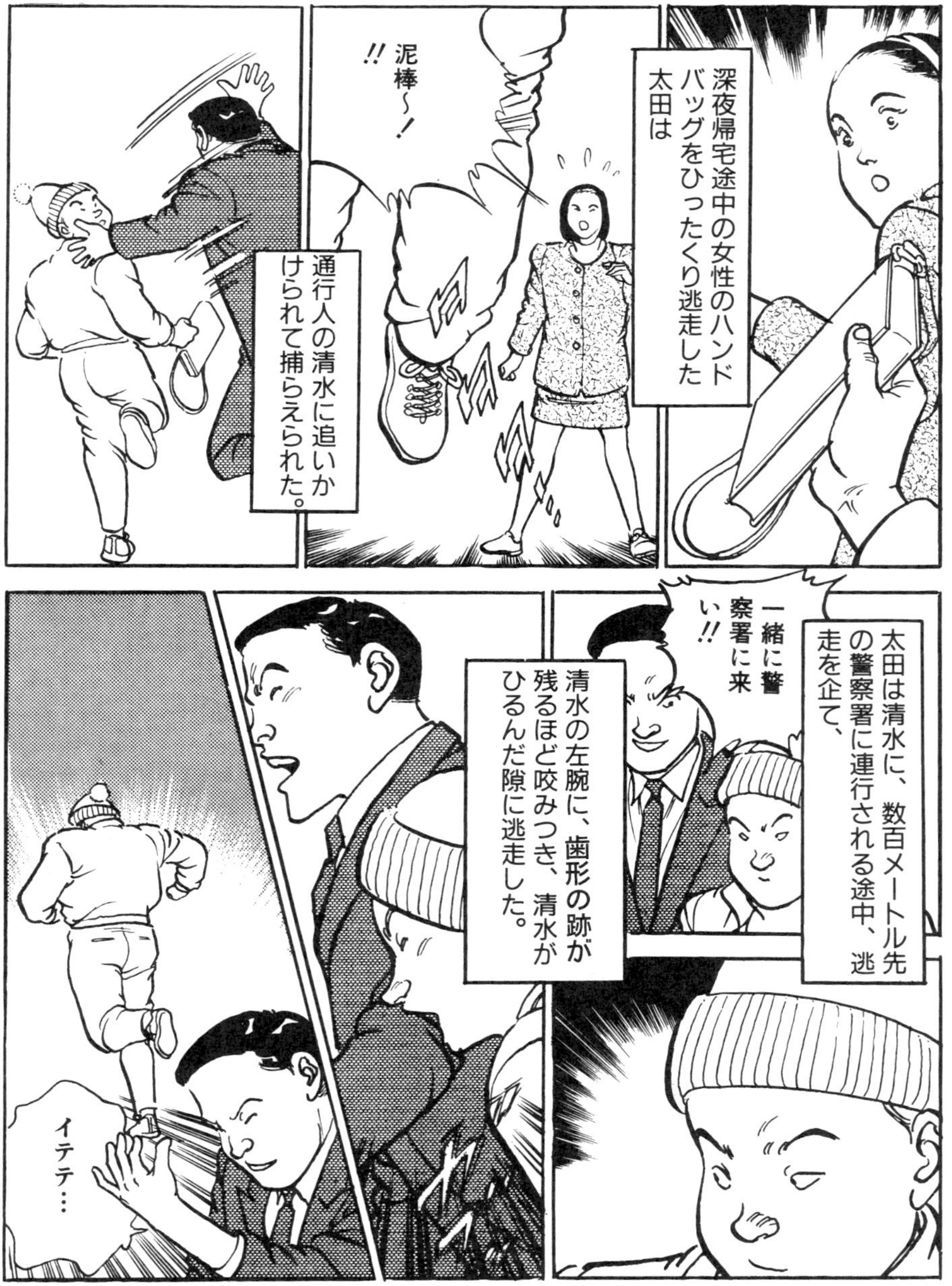
深夜帰宅途中の女性のハンドバッグをひったくり逃走した太田は
泥棒〜!!
通行人の清水に追いかけられて捕らえられた。
太田は清水に、数百メートル先の警察署に連行される途中、逃走を企て、
一緒に警察署に来い!!
清水の左腕に、歯形の跡が残るほど咬みつき、清水がひるんだ隙に逃走した。
イテテ…

キーポイント

① 主　体
② 暴行・脅迫の程度
③ 窃盗の機会
④ 「取り返されることを防ぎ」「逮捕を免れ」「罪跡を隠滅する」ため

主　体

本罪は、窃盗犯人が、財物を奪取し、あるいは窃盗に着手した後、その完遂の意思を放棄して現場を離脱する際に、被害者等に暴行・脅迫を加えるため、事後強盗と呼ばれ、これらの行為が強盗と同一視し得るような悪質性を有することから強盗と同じ扱いをすることとしたものである。

本罪は、窃盗犯人が、財物を得て、これを取り返されることを防ぎ、又は逮捕を免れ、若しくは罪跡を隠滅するために暴行・脅迫をすることによって成立する。

したがって、本罪の主体は、窃盗の実行に着手した窃盗犯人であり、窃盗行為が既遂であると未遂であるとを問わない。

そして、財物を得た犯人が所定の目的で暴行・脅迫を加えれば、直ちに既遂に達するが、窃盗が未遂の場合には、たとえ、逮捕を免れたり、罪跡隠滅の目的を達したとしても本罪の未遂が成立するに過ぎない。

暴行・脅迫の程度

本罪にいう暴行の程度は、強盗罪にいうところの暴行・脅迫と同程度のもの、すなわち、社会通念上、逮捕者の逮捕行為の意思、あるいは財物取還を図る者の財物取還を遂行する意思を制圧するに足る程度のものであることを必要としている。

例えば、判例では、

○ 逮捕を免れるために、被害者の腕に咬みつく行為（大判昭8・7・18）
○ 物干し竿を投げ付けたり、それで突こうとする行為（仙台高判昭30・12・8）

○　逮捕を免れるために、被害者の気勢をくじく手段として所携の菜切包丁を投げ付ける行為（大判大7・6・15）

などは、本罪の暴行又は脅迫に当たるとしている。

窃盗の機会

本罪が成立するためには、暴行又は脅迫が、窃盗の機会、すなわち、窃盗行為と接着する機会に行われることを要するとするのが通説であり、判例は一般に、暴行・脅迫は、窃盗の現場又はその機会継続中においてなされることを要するとしている。

この「窃盗の機会」というのは、時間的、場所的に窃盗行為に接着した範囲内をいい、必ずしも現場における暴行・脅迫に限定されるわけではない。多少の時間的、場所的距離はあっても、犯人が現場から追跡を受けているなど、窃盗の機会の継続的延長があると認められる状況であれば、やはり本罪が成立するとされている。

判例では、

○　現行犯人を逮捕して連行中の警察官に対して逃走を図って暴行を加えた事案（最決昭34・6・12）

○　盗品を犯行現場から搬出した直後、守衛に発見されて約二〇〇メートル追跡尾行され、逮捕を免れるため守衛に暴行を加えた事案（仙台高秋田支判昭33・4・23）

○　侵入窃盗を働き家人に発見追跡されて逃走中、家人から通報を受けた警察官に現場付近で現行犯逮捕される際、警察官に暴行を加えた事案（仙台高判昭27・9・26）

などについて、「窃盗の機会」に当たるとして事後強盗罪の成立を認めている。

ところが、窃盗して間もなく、犯行現場から約二〇〇メートル離れた地点で、当該犯行のあったことを知らずに付近を警ら中の警察官に呼び止められ、懐中電灯で照らされたので、逮捕を免れるために暴行を加えた事案について、窃盗の機会に当たらないとした判例がある（東京高判昭27・6・26）。

結局、これらの判例を比較してみると、本罪が成立するためには、暴行・脅迫が窃盗の犯行終了後間もない段階で、安全地帯に離脱せず、窃取した財物を取り返されるか逮捕される可能性が残されている段階において加えられたことを要すると解すべきである。

この場合、時間的、場所的接着性の重要性はもちろんのこと、被害者側により現場から追跡態勢がとられていたかどうかということも、極めて重要な要素をなしているといえる。

「取り返されることを防ぎ」「逮捕を免れ」「罪跡を隠滅する」ため

暴行・脅迫は、財物を取り返されることを防ぐため、又は、逮捕を免れるため、若しくは罪跡を隠滅するために行われることを要する。

その意味で、本罪は目的犯の一種であるとされているが、本罪が既遂に達するためには、犯人が現実に取り返されることを防ぎ、逮捕を免れ、罪跡を隠滅する目的を遂げたことは必要でない。

また、被害者その他の者が、実際に財物を取り返そうとしたか犯人を逮捕しようとしたかどうかを問わない。

事例の検討

事例の場合、太田は、窃盗犯人として現行犯逮捕され、連行途中に逮捕者清水に暴行を加えているのであり、当該暴行は窃盗の「機会継続中」においてなされた暴行と解することができる。また、太田は、清水の手首に歯形の跡が残るほど強く、しかも、清水が痛みと避難のため太田の腕を離すほかないほどの強さで、同人の手首に咬みついたというのであるから、その暴行の程度は、本罪にいう暴行の程度に至っていると解することができる。

したがって、太田は、事後強盗の刑責を負うこととなる。

44　一項詐欺

横断歩道を通行中の小川は、財布を拾ったので、その場で財布を手に持って掲げ、通行人に対して、
どなたか財布を落とした人はいませんか!?

その時、たまたまその場を通りかかった森田は、とっさに遺失者になりすまして財布を手に入れようと考え――

どうもすみません。私です…

その直後、財布の遺失者である関田が現れ…

10分くらい前に、この辺で財布をなくしたんですが…

小川は、森田が遺失者ではないのに初めて気づいた。

しまった!

キーポイント

① 詐欺罪の客体
② 欺　く
③ 交付させる
④ 不法原因給付と詐欺罪
⑤ 着手時期及び既遂時期

詐欺罪の客体

一項詐欺罪は、人を欺いて財物を交付させることによって成立する罪である。

本罪の客体は、他人の占有する他人の財物又は財産上の利益であり、それぞれの意義については、窃盗罪・強盗罪等とほぼ同様である。

ただし、詐欺罪の客体たる財物に関しては、窃盗罪や強盗罪にいうそれとやや異なる。

すなわち、窃盗・強盗罪の客体としての財物の中には、不動産は含まれないが、詐欺罪にいう財物の中には、不動産も含まれる。

これは、詐欺罪の構成要件的行為としての財物の交付は、被害者の瑕疵ある意思によって行われる処分行為に基づくものであることから、盗取とは異なり、不動産に対しても事実上占有の移転が可能であるという理由による。

欺　く

欺くとは、人を錯誤に陥らせるような行為をすることである。

そして、その手段方法には制限はなく、言語・文書・動作のいずれによるとを問わない。

○　作為によるもの

一般的に欺く行為は、作為によって行われることが多い。

すなわち、金銭の借用を申し込むに当たり、返済の意思・能力がないのに期日までに必ず返済すると申し向けるなど、積極的な言語をもって虚偽の事実を告知したり、あるいは、支払いの意思・能力がないのに飲食・宿泊後は直ちに支払うように見せ掛けて飲食物を注文し又は宿泊の申し込みをするなど、動作によって欺いたりする場合がその典型である。

○　不作為によるもの

欺く行為は、作為によるもののほか、不作為によっても行われる。

例えば、真実を告知すべき法律上の義務を有する者が故意にこの義務を怠って真実を告知せず、相手方が既に錯誤に陥っている状態を継続させ、又はこれを利用しようとする場合である。

相手方が錯誤によって余分の釣り銭を出したのを知りながら、その旨を告げないで受け取る場合などは、不作為によるものである。

法律上の告知義務があるかどうかは、法令の規定によって認められることもあるが、慣習上・条理上のものであっても差し支えないとされている。

○　欺く行為の内容

欺く行為の内容は、必ずしも法律行為の要素に関する虚偽の表示であることを要しないが、具体的事情のもとにおいて、一般人を錯誤に陥れる可能性のあるものでなければならない。

○　欺く行為の相手方

欺く行為の相手方は、必ずしも財物の所有者又は占有者である必要はないが、少なくとも、財物について処分行為をなし得る権限ないし地位を有する者でなければならない。

例えば、銀行員を欺いて預金の払戻しを受ける場合、銀行員は、預金について財産的処分行為をなし得る地位、権限を有する者であるから本罪が成立する（大判明44・5・5）。

他方、不動産売渡証書を偽造行使して登記官吏を欺き、自己に所有権取得の登記をさせた場合、登記官吏は、不動産について何ら財産的処分行為をなし得る地位も権限も有しないから、本罪は成立しないとされている（大判大12・11・12）。

交付させる

交付させるとは、欺く行為により、人を錯誤に陥らせ、その瑕疵ある意思によって財物を行為者自身又は第三者に交付させて、その占有を取得することをいう。

したがって、財物交付があったといえるためには、相手方が錯誤に陥った結果、財物を交付したこと、すなわち、その財産的処分行為に基づいて財物の占有が移転したことがなければならない。

○　財産的処分行為

詐欺罪の成立要件として、処分行為が必要とされることについては、条文上特に明文の規定はない。しかし、法の解釈上当然のこととして認められており、いわゆる隠れた構成要件要素と呼ばれている。

財産的処分行為は、欺く行為によって新たに生じ、あるいは既に陥っていた錯誤に基づいてなされることが必要である。

したがって、人を欺いて財物を取得した事実があっても、それが相手方の錯誤に基づく財産的処分行為としてなされたものでなければ、その行為は詐欺罪にいう財物交付とはいえない。

例えば、欺く手段を用いて物の占有者の注意をそらせ、その隙に物を領得した場合、確かに相手方を錯誤に陥れる行為はあったが、その錯誤に基づく被害者の財物についての処分行為が存在しないから、詐欺罪ではなく窃盗罪となる。

結局、詐欺罪は、欺く行為～錯誤～処分行為～交付（不法利得）という一連の因果関係を有する点において、単に被害者の意思に反してその占有を排除する窃盗罪や、強盗罪と区別されるところに、その本質的特徴がある。

不法原因給付と詐欺罪

欺く行為に基づく財物の交付が、いわゆる不法原因給付の場合、詐欺罪が成立するかどうかという問題が生じるが、通説・判例は、民事上の効果とは別個の観点から刑事上の責任を認めるべきであるとの立場である。

例えば、判例では、紙幣を偽造する資金として金員をだまし取った場合（大判明43・5・23）、売春すると偽って前借金をだまし取った場合などについて詐欺罪の成立を認めている（最決昭33・9・1）。

着手時期及び既遂時期

詐欺の着手時期は、行為者が人を欺いて財物を交付させる目的で欺く行為を開始したときである。欺く行為が開始されれば足り、相手方がそれによって錯誤に陥ったかどうかは問わない。

詐欺罪が既遂になるためには、行為者の欺く行為によって相手方が錯誤に陥り、それに基づいて財産的処分行為がなされ、その結果、財物の占有が行為者側に移ることが必要である。

欺く行為と財物交付との間には相当因果関係が存在しなければならないので、例えば、欺く行為は行われたが、相手方が錯誤に陥らず、ただ単に憐憫《れんびん》の情から財物を与えたような場合は、詐欺罪の未遂となる。

事例の検討

事例の場合、森田は、小川に対し「すみません」と申し向けている。

この「すみません」という言葉は、財布を拾ってもらったことに対する、感謝の意を表するものとして受け取れる言葉であるし、この言葉と、頭を下げて左手を差し出すという森田の挙動を総合すると、それは、「財布の落し主は私だから渡してほしい」と申し向けて手を差し出し、相手方を欺く行為と同視し得る行為である。

したがって、森田の当該行為は、一般人を錯誤に陥れるに十分な行為に当たる。

また、小川は、森田の欺く行為により、森田を真実の遺失者であると誤信したからこそ、真実の遺失者に遺失物を返す意思で当該財布を森田に手渡したものであり、小川の当該行為は、正に処分行為に当たるというべきである。

また、財布の拾得者小川は、当該財布を遺失者又は警察署長等に返還あるいは差し出すなどの遺失物法上の義務を有することからみて、処分行為を行い得る地位、権限を有するものであるといえる。

したがって、森田は、一項詐欺罪の刑責を負うこととなる。

45　二項詐欺

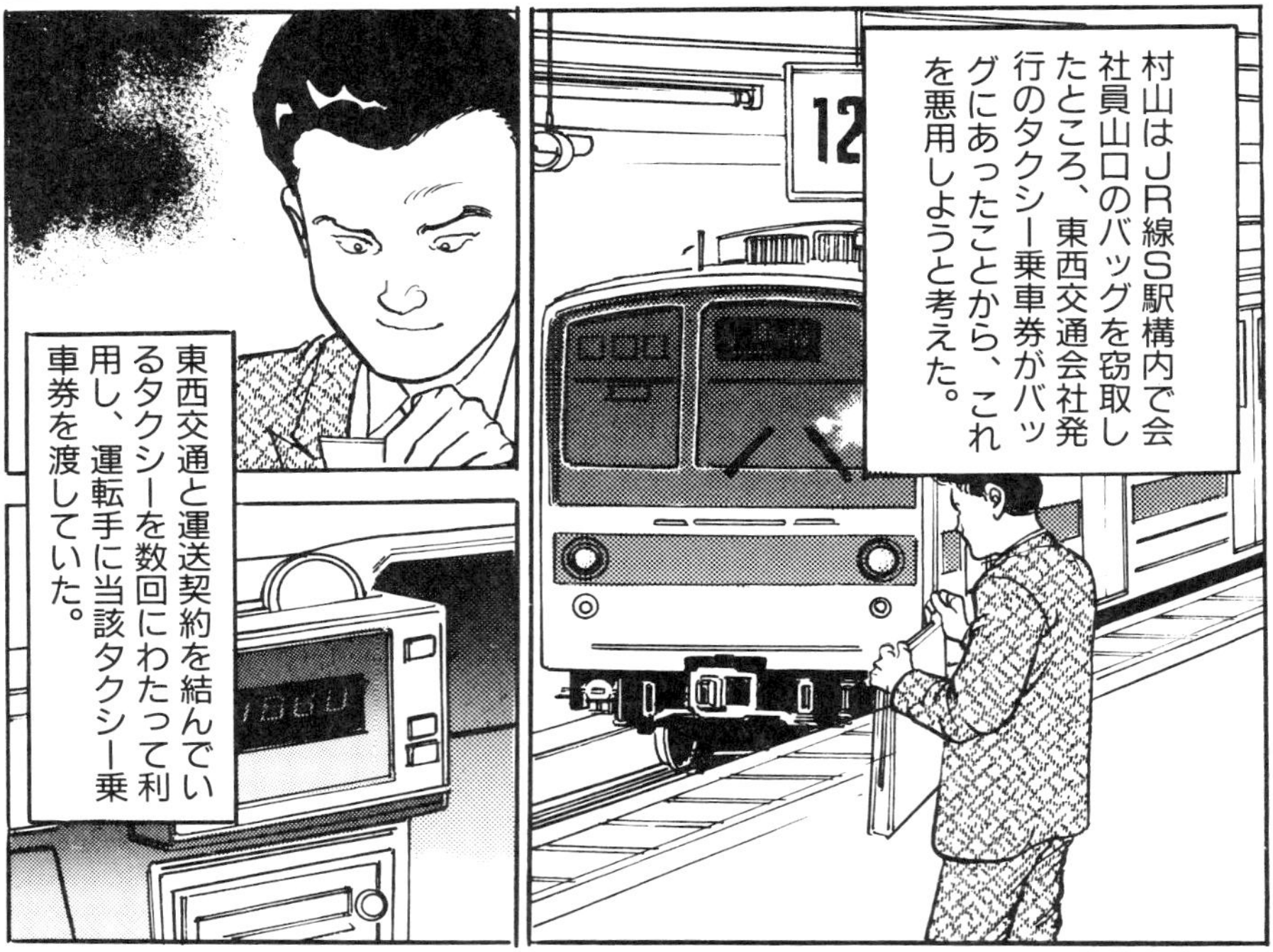
村山はJR線S駅構内で会社員山口のバッグを窃取したところ、東西交通会社発行のタクシー乗車券がバッグにあったことから、これを悪用しようと考えた。
東西交通と運送契約を結んでいるタクシーを数回にわたって利用し、運転手に当該タクシー乗車券を渡していた。
12

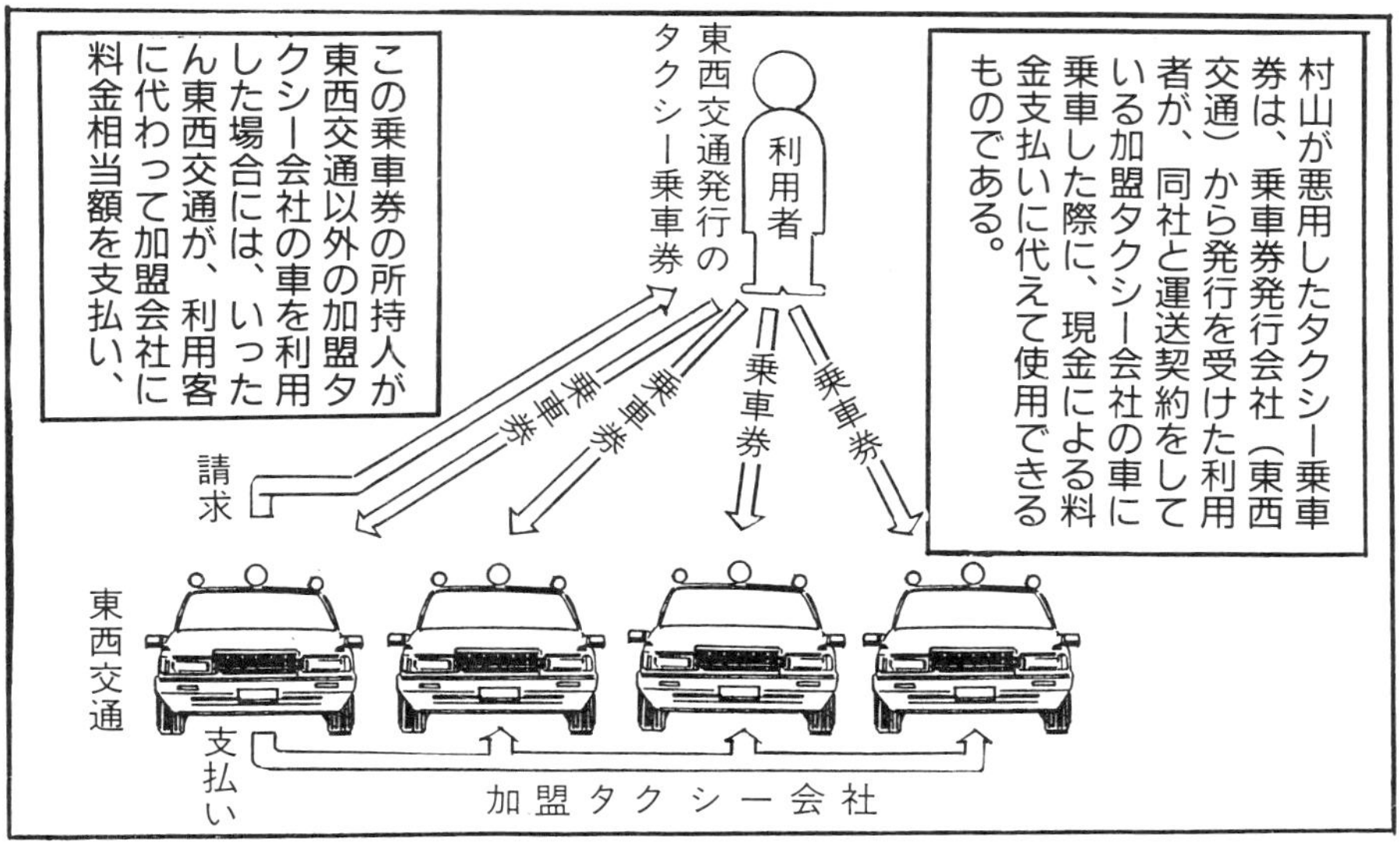
村山が悪用したタクシー乗車券は、乗車券発行会社（東西交通）から発行を受けた利用者が、同社と運送契約をしている加盟タクシー会社の車に乗車した際に、現金による料金支払いに代えて使用できるものである。
東西交通発行のタクシー乗車券
利用者
乗車券
乗車券
乗車券
乗車券
請求
この乗車券の所持人が東西交通以外の加盟タクシー会社の車を利用した場合には、いったん東西交通が、利用客に代わって加盟会社に料金相当額を支払い、
東西交通
支払い
加盟タクシー会社

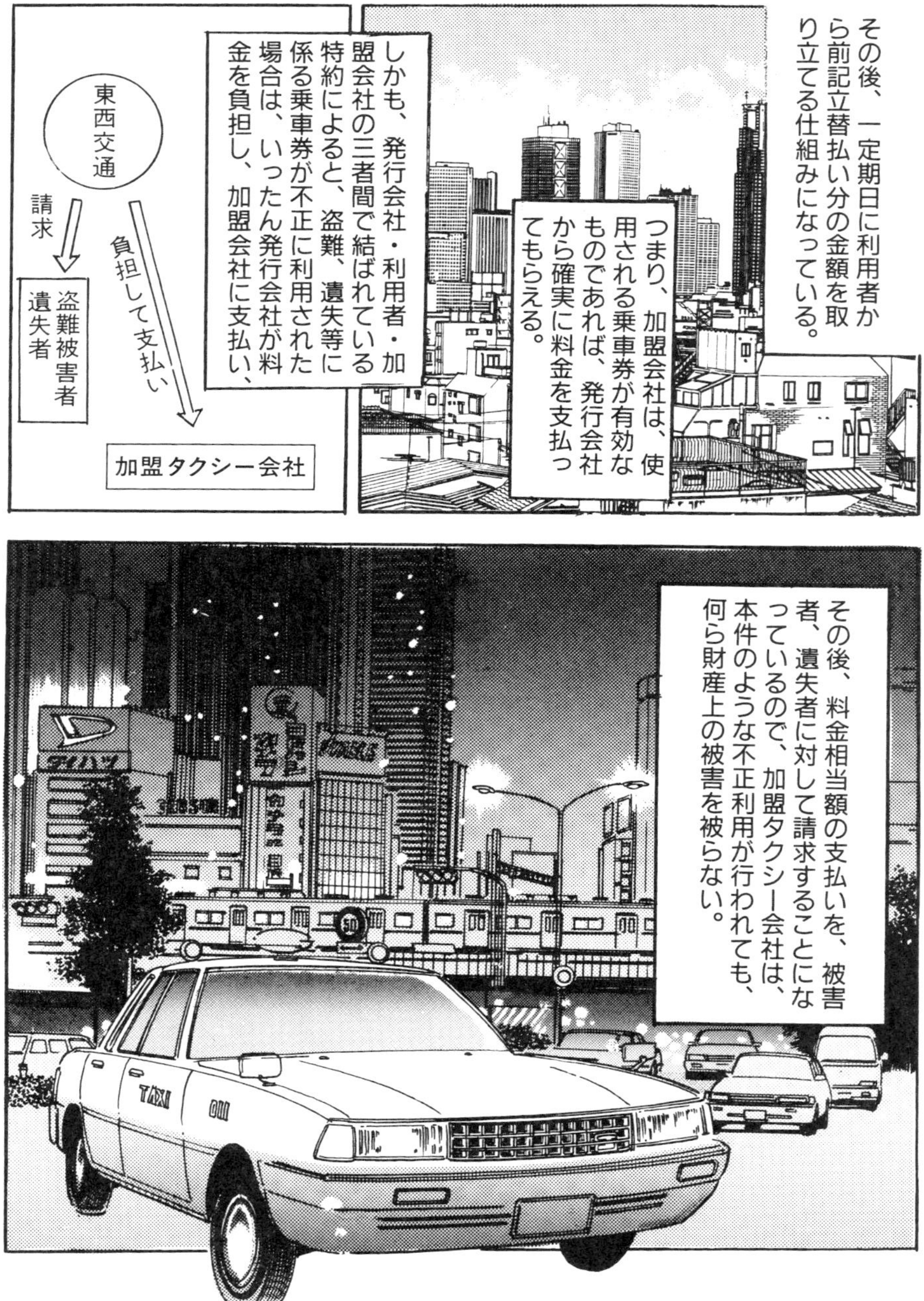
その後、一定期日に利用者から前記立替払い分の金額を取り立てる仕組みになっている。
つまり、加盟会社は、使用される乗車券が有効なものであれば、発行会社から確実に料金を支払ってもらえる。
しかも、発行会社・利用者・加盟会社の三者間で結ばれている特約によると、盗難、遺失等に係る乗車券が不正に利用された場合は、いったん発行会社が料金を負担し、加盟会社に支払い、
東西交通
請求
負担して支払い
盗難被害者
遺失者
加盟タクシー会社
その後、料金相当額の支払いを、被害者、遺失者に対して請求することになっているので、本件のような不正利用が行われても、加盟タクシー会社は、何ら財産上の被害を被らない。
TAXI

キーポイント
① 財産上不法の利益の取得
② 財産上の損害

財産上不法の利益の取得

財産上不法の利益の取得とは、欺く行為に基づく錯誤の結果行われた相手方の財産的処分行為によって、不法に財産上の利益を得るということであって、財産上の利益自体が不法なものであるという意味ではない。さらに、財産上の利益の取得も人を欺いて財物を交付させた場合と同様に他人を欺いて錯誤に陥れた結果、欺かれた者をして財産的処分行為をさせ、それによって、行為者又は第三者が財産上の利益を得たものでなければならない。

財産上不法の利益の取得の態様には、

○ 債務の免除とか、債務の延期などのように、被害者に財産上一定の処分をさせる場合

○ 被害者に一定の労務を提供させる場合

○ 被害者に債務の負担を口頭で約束させるとか、その旨の証書を提供させるなどのように、相手方をして一定の意思表示をさせる場合

などがある。判例は、

○ 電気計量器の指針を逆回転させて、電気料金の支払いを免れる行為（大判昭9・3・29）

○ 鉄道係員を欺いて有効な乗車券がないのに乗車して輸送の利益を得る行為（大判大7・6・11）

などについて、財産上不法の利益の取得に当たるとしている。

ところで、二項詐欺罪における財産上の利益の取得の場合には、一項詐欺罪における財物の交付の場合と異なり、財産的処分行為について問題となることが多い。すなわち、一項詐欺罪においては、その財産的処分行為が、原則として財物の任意の交付という形で行われることから、被害者の処分行為があったかどうかを外形上から認定することが容易であるのに対し、二項詐欺においては、被害者が明瞭に債務の弁済の延期又は債務免除の意思表示をしたときや、意識的に債権

を行使しないときなどには処分行為を認めることは容易であるが、実際上、債務の履行を一時免れたような事案については、被害者の財産的処分行為があったかどうかを認定することが難しい。

いずれにしても、処分行為があったか否かは、個々具体的事案に応じて、判断することになる。

財産上の損害

詐欺罪は、欺くことによる財物の交付又は財産上不法の利益の取得の結果として、相手方に財産上の損害を与えるのが通例であるが、本罪の成立上、その損害の発生を必要とするか否かについて、必要説・不要説の両説がある。

損害の発生について、刑法の規定上明文をもって要求されていないというのが不要説の根拠であるのに対し、財産犯である詐欺罪の本質からいって損害がなければならないとするのが必要説の論拠である。

この点、判例も、十分な対価を交付した場合であっても、真正の事実を知れば、相手方は財物を交付するはずがない場合において、真実に反した事実を告知し、相手を錯誤に陥れ、よって財物を交付させた以上は、詐欺は直ちに成立し、被害者に財産上の損害が発生したことは必要でないとして、不要説の立場を採っている（大判大2・11・25）。そして、事務所荒し犯人が会社事務所から窃取したタクシー乗車券を使用してタクシーに乗車したという事案について、次のように判示して、二項詐欺罪の成立を認めている。

「なるほど、右規約一〇条は盗難により他人に利用された場合にも使用者が責任を負うものとしているが、何らかの事情により当該乗客がタクシー共通乗車券を盗取したものであることを知って乗車させたときであってもなお使用者に責任を負担させることができるという趣旨まで含むものとは解されない。このような場合には、W興業（タクシー乗車券発行会社）から……違約ないし権利濫用などの理由によって運送賃の支払を拒絶されるおそれも考えられる。……したがって、当該乗客がタクシー共通乗車券の盗取者であることを知ったときは、加盟会社の運転手はその者の乗車を拒むことができ、また、そうすべきなのであって、かかる加盟会社の運転手に対し、盗取にかかるものであって当該乗車券で支払権限はないにもかかわらず、当該乗車券で支払う権限があるかのように装い、これに気付かないタクシー運転手をして正当な支払権限を有する乗車券で支払をしてもらえるものと誤信させ乗車する行為は、詐欺罪を構成するものと考える。」（秋田地判昭59・4・13）

この判例は、たとえ加盟タクシー会社と発行会社との間に事例のような特約が定められていても、乗車券の所持人が乗車券の盗取者であるとの真実を知っておれば、加盟タクシー会社の運転手は同人を乗車させないはずであるとして、使用者とタクシー運転手間における欺く行為～錯誤等の存在を肯定したものである。

また、タクシー料金は、もともと即時に現金で支払われるべきものであるから、タクシー運転手が判示のような行為によって錯誤に陥り、その結果、犯人から現金の支払いを受けられなかったということ自体が財産上の損害に当たるのである。加盟タクシー会社は、後日に発行会社から料金を支払ってもらうことにより、全体財産上の損害（実害）を被らないが、それは、民事上の運送契約に基づいて後日に損害が補填されるからであるに過ぎない。

事例の検討

事例の場合、前記説明のとおり、加盟タクシー会社が実質的損害を被らなかったとしても、村山のタクシー乗車行為は、二項詐欺罪に当たる。

なお、村山が窃取したタクシー乗車券を後日タクシーに乗車する際使用した行為は、単に有価証券としての性質に従い通常の方法によって使用しているに過ぎないものとして、先行の窃盗罪の不可罰的事後行為に該当するのではないかという点が問題となり得る。しかし、窃盗犯人が盗品を自己の所有物と偽って担保に供し、第三者より金員を借り受けた事案などにおいて、最高裁が窃盗罪のほかに詐欺罪の成立を認めている。

したがって、村山の当該行為は、不可罰的事後行為ではなく、第三者であるタクシー会社の法益を新たに侵害する別個の犯罪であると解され、窃盗罪と二項詐欺罪の刑責を負うこととなる。

46 背任

SSマンション管理組合理事長の梶原は、同組合の経理を一任され、小切手を作成して振り出す権限を有している者である。

ところが梶原は、消費者金融の返済に窮した挙げ句、同マンションの内装工事に要した支払代金を水増しして、その水増し分を現金でもらい受けようと考えて――

内装工事の請負人である水谷に対して、
今後のこともあるから、持ちつ持たれつでいこうよ。

実際の20万円より5万円多い額面の小切手を切るから、差額の5万円を現金でくれないか。

あんたは小切手を現金化すれば損はないんだから…

水谷は、今後も仕事を回してもらえると考え、梶原の要求を受け、請求金額を25万円とする内装工事代の請求書を添えて、現金5万円を梶原に手渡し、振出人をSSマンション管理組合理事長梶原某、額面金額を25万円とする持参人払式小切手を梶原から受け取り、
その足で銀行に行き、25万円の支払いを受けた。

キーポイント
① 背任罪の基本的性格
② 背任罪の本質
③ 主　体
④ 背任行為

背任罪の基本的性格

背任罪は、他人のためにその事務を処理する者が、自己若しくは第三者の利益を図り、又は本人に損害を加える目的でその任務に違背する行為をし、本人に財産上の損害を加えることによって成立する。

本罪は、取引における信義誠実関係の違背を含んだ犯罪類型で、詐欺罪、委託物横領罪などでは賄いきれない、財産管理を委託した者の財産状態を悪化させる行為を規制対象とするものといえる。

なお、本罪の特別罪として、商法、会社法、保険業法上の特別背任罪がある。

背任罪の本質

背任罪の本質を巡って、従来から権限濫用説と背信説とが対立している。

権限濫用説によれば、背任罪は、法的な代理権を濫用して財産を侵害する犯罪で、その行為は一定の法律上の処分行為、すなわち売買・入質・交換・担保権の設定・手形の振出しなどの法律行為に限られ、物品の保管・監視などのような事実行為は含まないとされる。

背信説においては、背任罪は、誠実義務に違反する財産の侵害を内容とする罪であり、背任行為は、第三者に対する関係のほか、本人に対する対内的関係においても認められ、法律行為に限らず事実上の信任関係を破る事実行為も含むとされる。

通説・判例は、後者の背信説の立場に立っている。

主　体

本罪の主体は、委託信任関係に基づいて、他人の事務を他人のために処理する者である。

すなわち、本罪は、身分犯である。しかし、身分のない者といえども、身分ある者に加功した場合には、刑法第六五条第一項によって共犯として処罰される。

ここにいう「事務」とは、他人のためにする他人の事務でなければならず、他人のためにする「自己の事務」であれば、本罪は成立しない。例えば、売買契約の当事者である売主が買主に目的物を完全な状態で引き渡すこと、及び買主が売主に代金を支払うことは、いずれも信義則に従って誠実に行われるべきであるが、いずれも売主、買主各自にとっては自己の事務であるから、これを不当に怠っても単に債務不履行となるだけであって背任罪を構成するものではない。

他人の事務を処理するについては、行為者とその他人、すなわち、本人との間に法律上の信任関係が存在することを必要とする。この信任関係の原因、すなわち、他人の事務を処理するに至った原因は、例えば、親権者、後見人、会社の取締役などのように法令の規定によって生ずるもの、委任・雇用・請負・寄託などの契約によって生ずるもののほか、一定の地位に基づく慣習として、又は義務のない他人のための事務管理として行われた行為によって生じたものでもよい。

背任行為

本罪の行為は、任務に背く行為をして、本人に財産上の損害を加えることである。

「任務に背く行為」とは、本人との信任関係を破る行為、すなわち、本人の事務を処理する者として当然行うべき法律上の義務に違反した行為を意味する。

どのような行為が任務違背行為となるかは、処理すべき事務の性質・内容・行為当時における具体的状況に照らし、法律の規定・契約の内容・慣習・信義誠実の原則に基づいて総合的に考慮したうえ判断することが必要である。

学説上は、「善良な管理者の注意」、「通常の業務執行の範囲」、「取引上の通念」などを標準とすべきことが主張されているが、現実には、事務処理者の権限行使に各種の手続的制約が加えられているため、形式的手続違反があればそれだけで任務違背とみられることが多い。

背任行為の類型としては、不良貸付、不当貸付、債務負担、担保権の毀滅、管理財産の不当換価処分、二重抵当などがある。

なお、背任罪が成立するためには、任務違背行為があっただけでは足りず、その行為によって本人に財産上の損害を与えることが必要である。財産上の損害とは、ひろく財産的価値の減少をいい、積極的損害（既存財産の減少）であると、消極的損害（得べかりし利益の損失）であるとを問わない。

また、背任行為の結果、本人に財産上の損害を生じた時点において背任罪は既遂に達する。

背任行為がその結果として当然に本人に財産上の損害を加える関係がある場合には、背任行為の終了と同時に本罪は成立し、損害額が不確定でも、あるいは、後に損害の幾分かが補塡されても犯罪の成否に影響しない。

なお、背任罪が成立するためには、行為者において、自己の行為がその任務に背くものであること、また、それによって本人に財産上の損害を加えることについての認識（若しくは意欲）を有することを必要とし、さらに、自己若しくは第三者の利益を図る目的（利得の目的）又は本人に損害を加える目的（加害の目的）で行われることを要する。

事例の検討

事例の場合、梶原は、SSマンション管理組合の理事長として、自己の判断で同組合振出名義の小切手を作成する地位にあり、本来二〇万円を振出金額とする小切手を作成することを自己の権限としているにもかかわらず、個人的用途に充てるため振出金額二五万円の小切手を作成して交付し、同組合の全体財産を現実に減少させ、財産上の損害を加えたのであるから、その行為につき、包括して背任罪が成立することとなる。

また、事例の場合の水谷は、梶原との共謀に基づいて梶原が振り出した小切手を受け取ったうえ、これを銀行に提示して現金二五万円の支払いを受けているのであるから、刑法第六五条第一項により背任罪の共同正犯としての刑責を負うこととなる。

47 恐喝

番長グループ
高校生・浩一
同・勝男
同級生の正一が生意気で、以前2、3発ぶん殴ってやったら、今では俺の顔を見るとビクビクして、自分の方から金を出すようになったぜ。全く臆病な奴だぜ。
そうかい、俺もやったろう！
浩一は、自分も正一から現金をせしめようと思い——
ずいぶん勝男と仲がいいそうじゃねえか。5千円くれたら俺も仲良くしてやるぜ。
それとも勝男を呼んでこなきゃだめかい？
正一は、これを断わると、後で勝男に乱暴されるのではないかと思い、怖がって——
浩一に現金5千円を渡した。

キーポイント

① 恐喝罪の性格
② 恐喝行為
③ 喝　取
④ 着手時期及び既遂時期
⑤ 財産上の損害
⑥ 権利の行使と恐喝罪

恐喝罪の性格

恐喝罪は、財物等の財産権を侵害する犯罪であるということができ、相手方の瑕疵ある意思に基づく財物の交付その他の財産的処分行為により、財物を取得し又は財産上の不法の利益を得る点で、詐欺罪と共通の性格を有している。

そして、詐欺罪は欺く行為を手段とし、恐喝罪は恐喝を手段とする点が両罪を区別するポイントである。

さらに、恐喝罪は、暴行・脅迫が財物の取得あるいは財産上の利益を得るための手段とされている点において、強盗罪と共通の性質を有しているが、恐喝罪と強盗罪は、暴行・脅迫の程度によって区別される。

恐喝行為

本罪の行為は、人を恐喝して財物を交付させ、又は財産上不法の利益を得若しくは他人にこれを得させることである。

恐喝とは、財物又は財産上の利益を供与させる手段として、人を畏怖させるに足りるような行為をすることである。

恐喝の手段としては、主に脅迫が用いられるが、暴行もこれに含まれる。

ただし、恐喝罪は、相手方の瑕疵ある意思に基づく財産的処分行為により財物又は財産上の利益を取得する点にその本質があるから、本罪の手段としての暴行・脅迫は、相手方の反抗を抑圧するに至らないものでなければならない。

もし、財物又は財産上の利益を得る手段として用いられた暴行・脅迫が、相手方の反抗を抑圧するに至るときは、強盗罪を構成する。

暴行・脅迫が、相手方の反抗を抑圧し得るものであるか否かを判断する基準、つまり恐喝罪と強盗罪を区別する基準について、通説・判例は、これを被害者の主観的立場に置かず、被害者の立場に置かれた一般人を標準とすべきであるとする客観説の立場に立っている。

すなわち、恐喝罪となるか強盗罪となるかは、当該暴行・脅迫が、その性質上社会通念により客観的に判断して相手方の反抗を抑圧するに足りると認められることを要し、かつ、それで足り、具体的事案における被害者の主観的心理状態に基づいて判断すべきではないというのである。

具体的には、行為時の客観的状況（犯行の時刻・場所等）、被害者と犯人の関係（年齢・体力・性別等）あるいは凶器使用の有無等の具体的状況を総合的に考慮したうえで決定しなければならない。

なお、本罪における脅迫は、脅迫罪における脅迫とは異なり、人の生命・身体・自由・名誉・財産に対するものに限らず、人をして畏怖の念を生ぜしめるものであれば足りる。

したがって、例えば、人の秘密に関する事項、不利益な記事を新聞紙上に掲載する旨の通告をすること（大判昭8・11・30）などは、人を畏怖させる害悪の告知として、恐喝の手段たる脅迫に当たるとされている。

また、本罪の脅迫は、脅迫罪のそれと異なり、相手方自身又はその親族の法益に対する加害の通知に限られず、友人・縁故者等の法益に対する加害の通知でも、それが相手方を畏怖させるに足りるものであれば脅迫に当たる。

○　害悪の内容

通知される害悪は、人を畏怖させるものであれば足り、急迫・強度のものである必要はなく、相手方が現実に畏怖しなくても差し支えない。

また、金品を交付させるための手段として用いられた要求行為が、それ自体だけでは相手方を畏怖させるに足りないものであっても、行為者の職業・地位など他の事情と合わさることによって相手方を畏怖させる場合には、当該要求行為は恐喝行為に当たる。

そして、通知される害悪の内容は、それ自体が違法なものである必要はなく、その告知が財物又は財産上の利益を得る目的で人を畏怖させるものであればよい。

また、告知される害悪は、一般に実現可能と思わせるに足りるものであればよく、その害悪の内容を実現する可能性が本当に存在するか否か、行為者がその実現の意思を持っていたか否か、また告知事実が真実であるか否かを問わない。

さらに恐喝者自らが直接に害を加えるという趣旨の通知である必要はなく、第三者の行為によって害悪が加えられる旨の通知であってもよい。

○　**害悪通知の手段・方法**

害悪を通知する手段方法には制限がない。明示、暗示を問わず、言語・文書による場合のほか、挙動・動作によって危害を加える気勢を示すなどのいずれによるとを問わない。

恐喝の相手方が財産上の被害者と同一人である必要はない。

ただし、被恐喝者と財産上の被害者が同一でない場合には、被恐喝者は、恐喝の目的となった財物その他の利益を自らの意思によって処分することができる権限又は事実上の地位にあることが必要である。

喝　取

財物の喝取とは、暴行・脅迫により、畏怖に基づく相手方の財産の交付により、財物を取得することをいう。

通常は、犯人が被害者自身から交付を受ける場合が多いが、必ずしもその必要はなく、相手方が畏怖して黙認しているのに乗じて恐喝者が財物を奪取した場合であっても交付といえる。

また、喝取があったとするためには、相手方が畏怖心を生じた結果、財物を交付したこと、すなわち、その財産的処分行為に基づいて財物の占有が移転することが必要である。

さらに、本罪が成立するためには、恐喝行為と現実に財物の交付を受ける者とが同一人物である必要はない。恐喝行為者以外の第三者に財物を交付させた場合であっても、恐喝行為者と、現実に財物を受ける者とが特殊な関係にあるときは、喝取に当たるとされている。

次に、財産上の利益の取得とは、畏怖に基づく相手方の財産的処分行為により、財産上の利益を不法に取得することをいう。

二項恐喝罪においては、例えば、被害者が債務の支払いを猶予する旨の意思を明瞭には表示せず、財産上の利益を犯人又は第三者へ移転させることにつき何ら積極的行為を行わなかった場合には、被恐喝者による財産的処分行為の有無を確認することが難しくなり、したがって、犯人又は第三者が果たして被恐喝者の財産的処分行為に基づいて財産上の利益を取得したといえるのかどうか、この点がしばしば問題となるところである。

着手時期及び既遂時期

恐喝の着手時期は、行為者が財物を喝取（又は財産上不法の利益を取得）する目的で恐喝行為を開始したときである。

恐喝行為が開始されれば足り、相手方が畏怖したことを要しない。

恐喝文書を郵送する場合のように、郵便局員を道具として利用した間接正犯形態における恐喝罪の着手時期については、見解の分かれるところであるが、判例は、恐喝文書が受信人に到達し、受信人がその内容を認識することのできる状態に置かれた時に実行の着手があるとしている（大判大5・8・28）。

恐喝罪が既遂となるためには、行為者の恐喝行為によって相手方が畏怖し、その畏怖に基づいて財産的処分行為がなされ、その結果、財物又は財産上の利益が移転することが必要である。

財産上の損害

恐喝者が相当の対価を支払ったため、被害者の全体財産について経済的損害が発生せず、被害者が実質的には損害を受けなかった場合には、本罪の成否が問題となる。

この点については、被恐喝者は、恐喝により畏怖しなければ交付しなかったであろう財物を交付した以上、犯人に交付し、当該財物に対する自らの占有を失ったのであるから、その占有喪失自体が財産的損害に当たる。

したがって、被害者が犯人から相当の対価を受けたためいわゆる実害を被らなかったとしても、財産上の損害が発生しているのであって、恐喝罪が成立すると解すべきである。

権利行使と恐喝罪

法律上、他人から財物又は財産上の利益を取得する権利を有する者が、その権利を実行する手段として恐喝を行い、財物又は財産上の利益を取得した場合について、恐喝罪の成立が問題となる。

判例は、権利行使の方法として社会通念上一般に容認すべきものと認められる程度を逸脱した恐喝手段を用いた場合には、債権額のいかんにかかわらず、債務者から交付を受けた金員の全額について恐喝罪が成立する（最判昭30・10・14）としている。

なお、この場合、財物又は財産上の利益が法律上不可分なものであるときでも、その全部について犯罪の成立を認めている。

事例の検討

事例の場合、正一は、浩一の言動によって、五、〇〇〇円を渡さなければ浩一の仲間、勝男から再び暴力を加えられるかもしれないと畏怖し、そのように畏怖したからこそ浩一に現金五、〇〇〇円を交付しているのである。

したがって、事例の場合、浩一の言動を全体的にみれば、正一に対して暗示的に害悪を告知し、その結果、正一から現金五、〇〇〇円を喝取したといえるのであるから、結局、浩一は、恐喝罪の刑責を負うこととなる。

48 横領

会社員平山は同僚の中村から
1週間の約束で借り受けた自動車で旅行をしていた
ゴッ
おや？
中村のヤツ カバンを入れっ放しじゃないか
おっ！ 現金5万円入ってるよ
旅行資金に使わせていただくか
平山は中村に無断でその現金を抜き取り
宿泊費等の支払いに充てた

キーポイント

① 横領罪の性格
② 客　体
③ 横領罪の既遂時期

横領罪の性格

横領の罪は、他人の占有に属さない他人の所有物を、不法に取得する犯罪である。

この横領の罪は、単純横領罪（刑法二五二条）、業務上横領罪（同二五三条）、遺失物等横領罪（同二五四条）とに分けられるが、このうち、単純横領罪と業務上横領罪は、いずれも、他人から委託されて、行為者が自ら占有・保管する他人の財物を不正に取得する犯罪であることから、通常、両者を総称して委託物横領罪と呼んでいる。

この罪は、財物を委託した相手方と、委託された者（犯人）との信頼関係を破って行われるところにその本質があり、その点で背任罪と共通の性格がある。しかし、同じ横領の罪の一種である遺失物等横領罪は、信頼関係を前提としない点において、委託物横領罪、背任罪と異なる性質のものであり、本質的には、むしろ窃盗罪に類似する領得罪である。

客　体

横領罪の客体は、自己の占有する他人の物（公務所から保管を命ぜられた自己の物を含む。）である。

なお、業務上横領罪の客体は、業務上自己の占有する他人の物である。

○　占　有

ここにいう占有とは、窃盗罪などにおける占有と基本的には同じであるが、窃盗罪における占有が、盗取行為による侵害の対象としての事実上の支配内にある物に限られるのに対して、「横領罪における占有の重要性は、窃盗罪のようにその排他力にあるのではなくして、濫用のおそれのある支配力にある」から、その内容は、窃盗罪における占有よりもかなり広く、事実上の支配内にある物だけでなく、法律上の支配内にある物を含むとするのが通説・判例の立場である。

例えば、他人の金銭を委託されて保管する者が、保管の方法として銀行などの金融機関に預け入れているときは保管者に（大判大元・10・8）、不動産の所有権が売買によって買主に移転したのに、登記簿上の所有名義がなお売主にあるときや仮装売買により他人名義の不動産について登記簿上所有名義を有するに至ったときなどは名義人に（大判明45・5・7）それぞれ占有があるとされている。

○　委託信任関係の発生

本罪における占有の基礎には、物の所有者（これに準ずる者を含む。）又は公務所と行為者との間に委託信任関係がなければならない。委託によらないで偶然に自己の支配内に入ってきた物は、遺失物等横領罪の客体となることはあっても、本罪の客体となることはない。

委託信任関係の発生原因としては、法令の規定・契約（使用貸借・賃貸借・委任・寄託）・事務管理などによる場合に限らず、取引上一般に容認されている慣習・条理・信義則等の信任関係による場合であってもよい。

○　他人の物

他人の物とは、行為者以外の者の所有に属する財物をいう。

ここにいう財物は、窃盗罪における財物の意義とは異なり、必ずしも動産である必要はなく、不動産もこれに含まれる。

財物の所有者は、自然人であると法人であるとを問わない。また、行為者自身の所有物であっても、公務所からその保管を命ぜられた場合には、横領罪の客体となり得る。

横領罪の既遂時期

横領罪は、不法領得の意思が行為者の内心的なものから一歩進んで、それが客観化されたときに既遂に達する。

すなわち、不法領得の意思が確定的に外部に表現されたときに横領の実行の着手があり、しかも、それと同時に既遂に達する。したがって、横領行為には未遂はない。

このことから、財物自体が具体的に処分された場合はもちろんのこと、具体的処分はなくとも、例えば、売却については、行為者が売却の意思表示を行いさえすれば、相手方が買受けの意思表示をしたり、売買契約が完成するまでもなく、横領罪は既遂に達することになる。

事例の検討

一般的に、自動車の所有者が一定期間中、その使用を借主に全面的に委ねる意思で自動車を貸与し、借主がこれを自由に乗り回している場合には、その貸与契約においてその直接の対象となった自動車は、借主の使用期間中、借主の単独占有に属する。そして、貸与契約により自動車自体が借主の単独占有に属している以上、その車内に積載されている貸主所有の財物も、借主又は貸主が個々の積載物を認識しているかどうかを問わず、特段の事情がない限り、貸主の支配内から離れ、自動車とともに借主の包括的単独占有に属していると解すべきである。

したがって、事例の場合のバッグは、自動車とともに中村から委託を受けて平山が単独占有している物である。平山は、その委託の趣旨に反し、旅行費の一部に充当する目的で、バッグの中から現金を抜き取ったのであるから、その行為につき、自己の占有する他人の物を横領したものとして横領罪の刑責を負う。

49　盗品等に関する罪

高橋は、深夜自宅近くのS駅で下車し帰宅途中、隣町の顔見知りの遠藤が駅前の自転車置場から10メートル程離れた道路上を、新品のオートバイを押しながら歩いているのに行き合った。
今、そこの自転車置場からこのバイクを盗んできたんだけど、鍵がついてないのでエンジンがかからず困ってるんだ。手伝ってくれ！
高橋は承諾して、その場で直結にして
しかし、このまま遠藤が隣町まで運転すると警察官の目につきやすいと判断した高橋は、遠藤を後部座席に乗せ、自ら運転して約百メートル離れた自宅に運び
遠藤に引き渡すまでの2日間にわたり、これを保管した。

キーポイント
① 盗品等に関する罪の性格
② 盗品等
③ 行為の態様
④ 盗品等であることの認識
⑤ 罪数関係

盗品等に関する罪の性格

盗品等に関する罪は、強盗罪・窃盗罪などの財産犯罪が先行して存在することを前提とし、その不法利得物に対する関与行為を処罰しようとするものである。

盗品等

本罪の客体は、盗品等である。盗品等とは、盗品その他財産に対する罪に当たる行為によって領得されたた物で、しかも、被害者が法律上それを追求することができるものをいう。

○　財産罪である犯罪行為によって領得された財物

盗品等は、財産罪である犯罪行為によって領得された財物でなければならないから、例えば、収賄罪によって収受された賄賂や賭博罪によって取得された財物などは盗品等とはいえない。

○　本犯の行為との関係

盗品等の前提となる犯罪行為は、構成要件に該当する違法な行為であれば足り、有責であることを必要としない。例えば、本犯が一四歳未満の刑事未成年者である場合でもよいし、本犯が起訴若しくは処罰されたことも必要としない。また、盗品等に関する罪が成立するためには、本犯の犯罪行為が既遂に達していることが、その前提要件とされる。

○　被害者の財物に対する追求権

盗品等の領得物は、被害者が法律上それを追求することのできるものでなければならないから、被害者がこの追求権を持たない場合、又はその権利を失った後には、本罪の客体としての性格は認められないことになる。例えば民法第一九二条の即時取得の規定によって第三者が所有権を取得した場合は、その物の盗品等としての性格は失われるので、横領行為によって領得された財物が善意の第三者に転売された場合、その後に横領品である旨知っていた者がこれを買い受けても盗品等有償譲受け罪は成立しない。

その物が盗品又は遺失物の場合は、即時取得の要件を具備していても、民法第一九三条の特則により、盗難又は遺失の時から二年間は被害者又は遺失主が占有者に対してその物の回復を請求することができるので、その間、本罪の客体としての性格は失われない。

また、本犯の財物取得行為が詐欺又は恐喝であって、法律行為として無効ではなく、単に取り消し得るに過ぎない場合でも、その取消しがなされる以前において、既に領得された物は盗品等であると解されている。

○　代替性

盗品等は、財産犯罪によって取得された財物そのものだけを指し、これを売却して得た金銭とか、盗品等である金銭で買った物などの代替物は、もはや盗品等ではない。もっとも、判例では、盗品等である通貨を両替して取得した通貨、詐欺罪によって得た小切手を換金して得た現金などについては、盗品等としての性格を認めている。

行為の態様

○　無償譲受け

無償譲受けとは、盗品等の所有権を無償で取得することをいう。贈与がその典型であるが、そのほか、無利息消費貸借により交付を受ける場合もこれに当たる。無償譲受け罪が成立するためには、単なる契約の成立だけでは足りず、盗品等の現実の引渡しがあったことが必要である。

○　運　搬

運搬とは、盗品等の所在を移転することをいう。盗品等を場所的に移転して、被害者の権利の実行を困難にした以上、これを運んだ距離はさほど遠くなくても本罪が成立する。運搬は、有償であると無償であるとを問わないが、無償譲受けの場合と同様、運搬を引き受ける旨の契約をしただけでは足りず、事実上、運搬行為が行われたことが必要である。

○　保　管

保管とは、委託を受けて盗品等を保管することをいう。委託者が本犯であることを要しないし、保管が有償であると無償であるとを問わない。例えば、質物として受け取り保管する場合などが、これに当たる。

○　有償譲受け

有償譲受けとは、盗品等の所有権を有償で取得することをいう。一般的な売買のほか、盗品等の相互交換、債務弁済としての取得、代物弁済、利息付消費貸借、売渡担保などは、いずれも有償譲受けに当たる。

有償譲受けにおいても、単に契約の成立だけでは足りず、現実に盗品等の引渡しのあることを必要とする。しかし、現実に引渡しがあった以上、代金の支払いがされていなくても、有償譲受け罪が成立する。

○　処分あっせん

処分あっせんとは、盗品等の法律上の有償処分行為、すなわち売買、交換、質入等を媒介・周旋することをいう。媒介・周旋行為そのものが有償であるかどうかは問わないし、周旋は直接買主らに対して行う場合でも、間接的に他人を介して行う場合でもよい。

盗品等であることの認識

本罪は、いうまでもなく故意犯であるから、同罪が成立するためには、盗品等であることの認識（知情）が行為者になければならない。しかし、それは、確定的な認識であることを必要とせず、盗品等かも知れないという未必的な認識で足りる。つまり、盗品等であることの認識は、その財物が何らかの財産犯罪によって領得された物であることの認識があれば足り、本犯の具体的事実を知ることは必要でないとされている。

また、盗品等であることの認識は、無償譲受け、運搬、保管、有償譲受け、処分あっせんの各行為を行う際に、存在していなければならない。

この点、無償譲受け、有償譲受け、処分あっせんについては、行為を行う際に、盗品等であることの認識が必要であるが、運搬罪及び保管罪は、継続犯的性格を持つので、運搬の途中や委託保管中に盗品等であることを知ったうえで、そのまま運搬、保管を続ければ、その後の行為について、運搬罪、保管罪が成立する。

罪数関係

盗品等に関する罪は、その成立要件として財産犯の存在が前提要件となっており、また、盗品等に関する罪の各罪が相互に関連して連続的に行われることが多いことからその罪数関係が問題となる。

この点、判例に表れた主なものを挙げると、次のとおりである。

○　窃盗教唆と盗品等有償譲受け、盗品等処分あっせん、盗品等保管、窃盗幇助と盗品等有償譲受け、強盗幇助と盗品等有償譲受けとの関係は、いずれも併合罪である。

○　他人の罪証を隠滅するため盗品等を隠匿した場合は、盗品等保管と証拠隠滅の観念的競合となる。

○　日を異にし数回にわたり盗品等の有償譲受けをした場合は、たとえ犯人及び受渡人が同一であっても、特別の事情のない限り数個の盗品等有償譲受けを構成する。

○　盗品等を運搬してこれの処分あっせんをした場合には、刑法第二五六条第二項の包括一罪に当たる。

事例の検討

事例の場合、高橋と遠藤が出会った時点において、遠藤は、駅前の自転車置場からオートバイを窃取し、約一〇メートル離れた地点にいたということであるから、当該オートバイは既に遠藤の事実上の支配下に置かれていたものと解すべきである。そうである以上、自ら運転してオートバイをその現場から運び去った高橋の行為は、窃盗罪の承継的共同正犯に当たらないことになる。その点、高橋は、当該オートバイが盗品であることを知ったうえでこれを運搬したのであるから、その行為が盗品等運搬罪に当たること、また、引き続いて自宅に預かって保管した行為が盗品等保管罪に当たることは、いずれも明らかである。

そして、両罪は、連続して行われていることから、高橋は盗品等運搬罪と盗品等保管罪とを包括した一個の盗品等運搬保管罪の刑責を負うこととなる。

50　建造物・器物損壊

不動産業者の山崎は、地上げの対象となっている約三百平方メートルの土地付木造アパートを購入し、これをさら地にするため、同アパートに居住する6世帯の住人に対して立退きを迫った。

5世帯の住人は、山崎の思いどおりに転居したが、1階に住んでいる大森だけが
ここを出ると勤めが遠くなるので…

山崎は、これに腹を立て、いやがらせをして大森を追い出そうと―

大森の居室の真上に当たる2階の屋根部分を約4平方メートルにわたって、ぶち抜いた。

お前に貸してある部屋には手を触れてない。俺が所有するアパートの空部屋をどうしようと俺の勝手だ!!

2日後の大雨によって雨水が2階の部屋に直接降り込み、それが1階の大森方天井から滴り落ち、大森方の畳や床を濡らしてしまった。

キーポイント

① 建造物等損壊罪・器物損壊罪の客体
② 自己の物の特例
③ 損　壊

建造物等損壊罪・器物損壊罪の客体

○ 建造物等損壊罪の客体

建造物等損壊罪の客体は、他人の建造物又は艦船である。建造物とは、家屋その他これに類似する工作物をいい、屋蓋《おくがい》（屋根）を有し牆壁《しょうへき》（囲い）又は柱材で支持されて土地に定着し、少なくともその内部に人が出入りし得るものをいう。

したがって、単に棟上を終わっただけで、まだ屋蓋又は牆壁などを有するに至らないものは、建造物とはいえない。

また、戸、障子のように取り外しが可能な建具類については、建造物の一部ではない。それが建造物の一部を構成するものと認められるためには、単に建造物の一部に建て付けてあるだけでは足らず、それを損壊しなければ、取り外しできない状態にあることを要する。

このようなことから、家屋の天井板、敷居、鴨居、屋根がわらなどは建造物の一部といえるが、損壊することなく自由に取り外すことができる雨戸又は板戸などは、建造物に含まれない。

○ 器物損壊罪の客体

器物損壊罪の客体は、公用文書等毀棄罪、私用文書等毀棄罪及び建造物等損壊罪の客体以外のすべての他人の物である。

物とは、財物と同義であり、その種類・性格、あるいは経済上の交換価値の有無を問わず、ひろく財産権の目的となり得る一切の物をいい、動産でも不動産でもよいし、動物であってもよい。

自己の物の特例

前記のとおり、建造物等損壊罪及び器物損壊罪の客体は、いずれも他人の所有に属する物に限られるが、その特例として、刑法第二六二条は、自己の物であっても、「差押えを受け、物権を負担し、賃貸し、又は配偶者居住権が設定されたもの」（令和二年四月一日施行の民法改正に伴う刑法改正により新設）を損壊した場合は、それぞれの罪の客体となることを定めている。

すなわち、この規定は、差押権者、物権者、賃貸人、配偶者居住権設定者の利益を保護するための特別規定であり、犯人自身の権利・義務に関する建造物、艦船、それ以外の物が、差押えを受け、物権を負担し、又は賃貸されている場合等に、これを損壊し又は損害を及ぼしたときは、それぞれ、建造物等損壊罪、器物損壊罪として罰することとしたものである。

損　壊

○　建造物等損壊罪における損壊

建造物等損壊罪における損壊とは、建造物又は艦船の効用を害する一切の行為をいい、公用文書等毀棄罪、私用文書等毀棄罪における毀棄の概念と本質的な差異はない。

本罪の場合、その損壊によって建造物の全部又は一部が毀損されることが必要であるが、必ずしも建造物の使用を全く不能ならしめることを要しないし、その損壊部分が、建造物の主要な構成部分である必要もない。

例えば、判例では、屋根のかわらを取りはがした事案について、たとえ建物の一部を損壊したにとどまる場合であっても、その損壊行為によって建物の使用価値ないし実質的効用が滅殺されたときには、建造物損壊罪が成立するとしている（大判昭7・9・21）。

なお、多数のビラ貼り行為が本罪を構成するか否かにつき、判例は、その判断基準を美観の侵害程度と原状回復の難易において、本罪の成立を認めている（最判昭39・11・24）。

○　器物損壊罪における損壊

器物損壊罪における損壊も、公用文書等毀棄罪等の毀棄と同義で、物質的に器物そのものの形体を変更又は滅失させる場合だけでなく、その物の効用を害する一切の行為が損壊に当たる。

　したがって、事実上若しくは感情上その物をして本来の目的に供することができない状態に至らせる場合をも包含することになる。

　例えば、判例は、営業上来客の飲食用に供すべき食器類に放尿すること（東京高判昭32・12・26）や、貸座敷業者の座敷の床の間に掛けてある幅物に「不吉」と墨で大書すること（大判大10・3・7）などの場合は、人の感情のうえから使用不可能として損壊に当たるとしている。

事例の検討

　事例の場合、大森の居住する木造アパートは、山崎の所有物ではあるが、前所有者との賃貸借契約の効果によって、現に大森が賃借権を有しているのであるから、刑法第二六二条所定の「賃貸した建造物」に当たる。

　そして、一個の建物内の一区画部分について賃借権が設定された場合、その賃借権の効力は、ただ単にその区画部分について認められるというわけではなく、当該賃貸の目的を達するうえにおいて必要な限度内においては、他の部分にも当然に及ぶと解される。

　つまり、建物の全体を賃借した賃借人はもちろん、その一部分のみを賃借したに過ぎない賃借人であっても、当然、当該建物の屋根部分にも賃借権の効力が及び、屋根が存在することによって風雨を避け、平穏な生活を営むという生活利益を享受することができるのである。

　結局、一個の建物の一区画部分が賃借権の目的物となっている場合であっても、当該建物の屋根は、刑法第二六二条に定めた「賃貸したもの」に当たることとなる。

　したがって、山崎は、たとえ自己が所有しているアパートであっても、その一階部分の一部屋を大森に賃貸している以上、大森の賃借権が及んでいる屋根を損壊すれば、建造物損壊罪の刑責を負うこととなる。

ヴィジュアル法学
事例で学ぶ　刑　法

平成4年7月1日　初　版　発　行
平成8年1月30日　改 訂 版 発 行
平成15年9月10日　三 訂 版 発 行
平成24年2月15日　三訂版6刷発行（新装版）
令和4年3月20日　三訂版17刷発行

編　者　刑事法令研究会
作　画　高橋はるまさ
発行者　星 沢 卓 也
発行所　東京法令出版株式会社

112-0002　東京都文京区小石川5丁目17番3号　03(5803)3304
534-0024　大阪市都島区東野田町1丁目17番12号　06(6355)5226
062-0902　札幌市豊平区豊平2条5丁目1番27号　011(822)8811
980-0012　仙台市青葉区錦町1丁目1番10号　022(216)5871
460-0003　名古屋市中区錦1丁目6番34号　052(218)5552
730-0005　広島市中区西白島町11番9号　082(212)0888
810-0011　福岡市中央区高砂2丁目13番22号　092(533)1588
380-8688　長野市南千歳町1005番地
〔営業〕TEL 026(224)5411　FAX 026(224)5419
〔編集〕TEL 026(224)5412　FAX 026(224)5439
https://www.tokyo-horei.co.jp/

ISBN978-4-8090-1273-0